U0611463

中青年经济学家文库

河南省高校人文社科重点研究基地"产业与创新研究中心"成果

知识链知识优势形成路径与维持机理研究

张 省 著

中国财经出版传媒集团

经济科学出版社
Economic Science Press

图书在版编目（CIP）数据

知识链知识优势形成路径与维持机理研究/张省著．
—北京：经济科学出版社，2018.10
（中青年经济学家文库）
ISBN 978 – 7 – 5141 – 9721 – 1

Ⅰ.①知…　Ⅱ.①张…　Ⅲ.①企业经营管理 – 知识
管理 – 研究　Ⅳ.①F272.4

中国版本图书馆 CIP 数据核字（2018）第 207261 号

责任编辑：李　雪　赵　岩
责任校对：隗立娜
版式设计：齐　杰
责任印制：邱　天

知识链知识优势形成路径与维持机理研究

张　省　著

经济科学出版社出版、发行　新华书店经销
社址：北京市海淀区阜成路甲 28 号　邮编：100142
总编部电话：010 – 88191217　发行部电话：010 – 88191522
网址：www. esp. com. cn
电子邮件：esp@ esp. com. cn
天猫网店：经济科学出版社旗舰店
网址：http://jjkxcbs. tmall. com
北京密兴印刷有限公司印装
710×1000　16 开　14.25 印张　200000 字
2018 年 11 月第 1 版　2018 年 11 月第 1 次印刷
ISBN 978 – 7 – 5141 – 9721 – 1　定价：48.00 元
（图书出现印装问题，本社负责调换。电话：010 – 88191510）
（版权所有　侵权必究　打击盗版　举报热线：010 – 88191661
QQ：2242791300　营销中心电话：010 – 88191537
电子邮箱：dbts@ esp. com. cn）

前　　言

　　知识链（knowledge chain）是知识经济时代组织知识合作创新的新形式。知识链组建的目的是为了获得知识优势，进而转化为竞争优势。本书将动态能力研究范式应用于知识链知识优势的形成，提出"知识链知识优势形成路径就是动态能力发展的过程"的观点，将知识链知识优势形成路径解构为知识获取、知识共享和知识创造三个前后相继的阶段，建立了知识链知识优势的指标体系和评价模型，基于动态能力视角下分析了知识链知识优势的维持机理，最后讨论了知识链知识优势向竞争优势转化的方式。本研究主要成果如下：

　　（1）知识链动态能力是知识链在不断变化的环境中对内外部知识资源进行处理的过程性能力。知识链知识优势的形成本质上是知识链动态能力发挥作用的结果。知识链知识优势的形成第一阶段表现为对内外部知识的搜寻识别，第二阶段表现为对新知识的共享吸收，第三阶段表现为新知识的创造应用，将知识链知识优势形成一般路径概括为：知识获取→知识共享→知识创造，这三个阶段也是知识动态能力演进前后相继的过程。

　　（2）本书构建了知识链知识优势形成路径的理论模型，并结合具体的案例分析了该理论模型的合理性；从知识静态优势和知识动态优势两个维度，建立了知识链知识优势评价指标体系；结合算例，运用模糊综合评价技术对知识链知识优势进行评价，验证了评价指标体系和评价模型的有效性和实用性。

　　（3）本书认为知识势差是知识链知识获取的动力。研究了基于知识势差的知识链知识获取过程，从知识主体数和知识丰富度两个角度分析了知识链知识获取效率；分别研究知识链成员特点、成员之间的关系、知识链自身特点三者对知识链知识获取的影响，建立了知识链知识获取影响因素概念模型路径图；讨论了知识链知识获取的技术，并结合案例演示了技术的应用。

（4）本书分析了知识链知识共享的主体要素和客体要素；将知识链知识共享活动细分为知识集成、知识转化和知识反馈三个过程，并从利益、法律、社会三个角度研究了知识链知识共享的协调机制；研究了知识链知识共享的信誉问题，通过构建知识链知识共享信誉均衡模型，找到了知识共享区间即知识共享可实施范围，提出了促进和激励知识链知识共享行为的策略。

（5）本书构造了知识链知识创造系统动力机制的ERP—GDE模型，刻画出了知识链知识创造动力运行周期，提出了增强知识创造动力的政策；将知识链知识创造模式划分为元件创新与架构创新、概念创新与路径创新、协同创新与网络创新，构建了知识创造模式三维结构图，并结合三个案例分析了每个模式的应用领域及对我国知识管理实践的指导意义。

（6）本书基于动态能力培育和发展的角度研究了知识链知识优势维持的机理，在分析知识刚性对知识优势的负面影响的基础上，研究了动态能力对知识刚性的克服作用；剖析了知识管理、组织学习和动态能力三者之间的关系；强调了知识管理对知识优势形成的重要性；探讨了联盟能力对知识链知识优势形成的意义及影响机理，认为联盟能力是知识链知识优势维持的源泉；分析了知识流程再造、动态能力、知识链知识优势的关系，得出了知识流程再造是知识链知识优势维持的关键的结论。

（7）本书从产品、组织和商业模式三个维度研究了知识链知识优势向竞争优势的转化。知识产权战略是基于知识链知识产品本身，认为如果知识链能够实施知识产权战略，那么就可以防止因知识外溢而导致的竞争优势丧失；组织结构柔性基于知识链组织结构角度，认为结构柔性可以使得知识链动态应对外部知识环境的变化，从组织层面降低运作惯性，从而获得竞争优势；商业模式针对的是市场，认为知识链如果能够占领市场，为顾客创造价值，那么就能够赢得顾客的"货币投票"从而获得竞争优势；分析了联想集团采用协调型商业模式的成功之处，得出知识优势向竞争优势转化不能"平均用力"，而是要结合产品市场的特点制定合适的战略。

目　　录

第 *1* 章

绪 论

1.1
研究背景与问题的提出

1.1.1 研究背景

1. 知识链成为知识经济时代组织之间合作竞争的新形式

自 20 世纪 90 年代以来，人类就已经步入了知识经济时代。"在一个'不确定'是唯一可确定性因素的经济环境中"[①]，外部环境的剧烈变化使市场竞争的不确定性加强。在动态的不确定环境下，技术更新速度加快，学习已成为企业得以生存的根本保证，组织成员获取知识和使用知识的能力成为组织的核心技能，知识已成为企业获取竞争优势的基础，成为企业重要的稀缺资产。习近平总书记在十九大报告中明确指出：要建立以企业为主体、市场为导向、产学研深度融合的技术创新体系，加强对中小企业创新的支持，促进科技成果转化。倡导创新文化，强化知识产权创造、保

---

① Ikujiro Nonaka. The Knowledge – Creating Company ［J］. Harvard Business Review, 1991 (11)：94 – 104.

护、运用。以往的有形资源和资产的竞争已经转换为如今的知识资源和资产的竞争，智慧资本取代金融资本成为经济发展最主要的动力。随着知识逐渐取代工业经济时代的物质资本成为推动社会发展的关键因素，企业组织之间的竞争便不仅是有形资源的竞争，更是以知识资源为基础的无形资源的竞争。企业在市场竞争中的成功与否取决于它拥有的知识和创新能力，取决于它是否善于进行知识管理，知识管理成为知识经济时代的一个重要的议题，并成为管理学的一个前沿领域。知识管理要求企业具有交流沟通能力以及知识获取、知识创造与知识转换的能力，以累积个人与组织的知识形成组织智慧永不间断的循环，在企业组织中积累管理与应用的智慧资本，来帮助企业做出正确的决策，以适应市场的变迁。

企业组织进行知识管理的目的在于知识创新，知识创新的过程实际上就是知识的产生、知识的传播、知识的转移的过程，这个过程总是伴随着知识的流动和扩散。由于知识资源具有消费的非竞争性和受益的非排他性，再加上信息化时代知识的更新速度日新月异，这就要求知识流动和共享的实现必须要突破组织、产权的藩篱。以知识的流动和共享为基础的知识管理活动绝不仅仅局限在企业组织内部的团队与员工之间，单个企业为了实现战略发展目标，必须整合组织外部的知识，需要选择来自市场多个供给主体的知识流，并经整理、归类而纳入知识库，为员工和决策者共享和利用。越来越多的企业与供应商、客户、大学、科研院所甚至竞争对手建立战略合作伙伴关系，构建组织之间的知识链，促进知识流动，实现知识共享和知识创造，形成知识优势。自 20 世纪 90 年代以来，在电子、信息、自动化、汽车等高科技领域，知识链已屡见不鲜，并日益成为 21 世纪组织之间合作的重要形式。知识链（knowledge chain）是指以企业为创新的核心主体，以实现知识共享和知识创造为目的，通过知识在参与创新活动的不同组织之间流动而形成的链式结构①。知识链管理（knowledge chain management，KCM）是指核心企业在知识链的酝酿、构建、运行和

---

① 李久平，顾新，王维成. 知识链管理与知识优势的形成 [J]. 情报杂志，2008 (3)：50-53.

解体的整个过程中，通过优化组织之间的知识流动过程，促进组织之间的交互学习，实现知识共享和知识创造，从而将各成员的知识优势集成为知识链整体知识优势的决策过程。

知识链管理的目标是形成知识优势，从知识具有动态流动性的特征可以将知识优势分为知识存量优势和流量优势，知识存量优势是静态优势，在某一时点上由知识链成员所拥有的独特知识资源所决定，知识流量优势是动态优势，是由构成知识链的成员之间知识共享和知识创造的流量所决定。知识优势是相对优势，不同的知识链之间知识优势可以进行比较。顾新（2003）① 等研究表明：组织核心能力是知识优势的基础，知识联盟能力是知识优势的源泉。通过实施知识链管理，有助于保持并拓展组织核心能力和形成知识联盟能力。程强（2017）② 等认为知识链的知识协同管理本质是对知识的全过程式协同管理，其涉及知识主体和知识客体以及协同环境的管理，主要包括协同管理成本的评估、知识资源的配置、知识分工与协作、知识协同管理流程的监控，协同管理制度的制定以及协同管理效果的评估等环节。

2. 动态能力理论应用于知识管理实践正在兴起

动态能力理论的提出是为了解释竞争优势的来源。资源本身是静态的，不会自动产生新的资源结构，必须通过动态能力的介入才能实现组织资源、运作惯例乃至职能能力的转变。戴维·提斯等（Teece，Pisano，Shuen，1997）③ 首次将动态能力定义为企业为适应环境变化而整合、构造和重新配置内外部资源和能力的能力。佐罗和温特（Zollo & Winter，1999）④ 进一步

---

① 顾新，郭耀煌，李久平．社会资本及其在知识链中的作用［J］．科研管理，2003，24（5）：44-48.

② 程强，顾新，全力．知识链的知识协同管理研究［J］．图书馆学研究，2017（17）：2-7.

③ Teece D. J.，Pisano G.，Shuen A. Dynamic capabilities and strategic management［J］. Strategic Management Journal，1997，18（7）：509-533.

④ Zollo M.，Winter S. G.，From organizational routines to dynamic capabilities. A working paper of the reginald H［M］. Jones Center，the Wharton School University of Pennsylvania，1999.

界定了动态能力的维度和功能，并基于组织惯例和能力视角把动态能力理解为从事高度程式化、可重复活动的能力；艾森哈特和马丁（Eisenhardt & Martin, 2000）[①] 研究了动态能力的构成、种类和在不同环境下的特征，认为动态能力是组织资源剥离或释放能力；提斯（Teece, 2007）[②] 又重新诠释和阐述动态能力，把动态能力划分为感知机会和威胁的能力，捕捉机会的能力以及增强、整合、保护和必要时重构企业显性或隐性资产以维持竞争力的能力。可见，动态能力究竟是"整合资源的能力（提斯等）"，还是"提升一般运营能力的能力（温特等）"，抑或是"一种组织惯例（佐罗等）"，巴雷托（Barreto, 2010）[③] 进一步将动态能力归纳为企业系统解决问题的一种能力，包括感知机会和威胁的能力、快速市场决策的能力以及改变资源基础的能力，这一能力不但可以为企业提供巨大的发展动力，还可以支撑企业在多个产品或服务市场中获得可持续性的竞争优势。可见，关于动态能力的定义，学者们并未达成统一的认识。此外，对动态能力的对象"资源"的理解，学者们也是众说纷纭；动态能力单位也没有准确界定，是单个组织，还是组织联合体，学者们并没有分开研究。

主流动态能力理论认为动态能力对于组织竞争优势有正向作用，但是随着学者更深入研究动态能力与竞争优势之间的关系，对主流理论的质疑声逐渐增大。学者开始借助实证研究验证动态能力与竞争优势两者之间究竟是直接作用关系，还是间接作用关系[④]。如果是间接作用关系，那么还应验证有哪些中介因素影响两者之间的关系[⑤]。扎赫拉和萨皮恩扎（Zahra & Sa-

① Eisenhardt K. M. , Martin J. A. Dynamic capabilities：What are they？［J］. Strategic Management Journal, 2000（21）：1105 – 1121.

② Teece D. J. , Explicating dynamic capabilities：The nature and micro foundations of（sustainable）enterprise performance［J］. Strategic Management Journal, 2007, 28（13）：1319 – 1150.

③ Barreto I. Dynamic capabilities：A review of past research and an agenda for the future［J］. Journal of Management, 2010, 36（1）：256 – 280.

④ Wei, Shen, The dynamics of the CEO – board relationship：An evolutionary perspective［J］. Academy Management Review, 2003, 28（3）：466 – 475.

⑤ Williamson O. E. Strategy research：Governance and competence perspectives［J］. Strategic Management Journal, 1999, 20（12）：1087 – 1108.

pienza，2006）[①] 甚至质疑动态能力是否能够为企业带来竞争优势，他们认为动态能力并不必然保证组织的成功。实际上，对主流动态能力理论最直接的解读是：组织适应环境变化的能力导致组织的竞争优势，但是这样的论断在逻辑上是同义反复的，因为"适应环境变化的能力"就等效于"组织的竞争优势"，我们只能通过竞争优势来判断组织是否具有"适应环境变化的能力"，两者之间应该有中间变量，动态能力是通过使组织获得某种优势或地位而作用于竞争优势的。

近些年来，动态能力理论逐渐开始应用于知识管理，学者们开始尝试从知识视角来解释动态能力。目前基于"知识观"的动态能力流派大多是提斯等学者观点的延伸，主要强调知识获取、整合、运用及创造等活动，并指出知识资源是动态能力的核心。从动态能力的角度来定义知识管理的策略和目标，可以得出新的动态能力"知识观"含义：组织是一个知识系统，知识管理的战略是通过集体学习方式识别市场机会和应对外部知识环境变化，从外部获取知识，并在内部整合、共享知识以实现知识创造，在这个过程中组织形成新的变革能力与先动优势。

1.1.2 问题的提出

从研究的背景可以看出，越来越多的组织开始尝试组建知识链以应对知识经济时代的挑战。知识链的诞生正是为了使知识流能够在不同市场主体间更好地转移与扩散，从而实现知识的集成、整合与价值增值功能。知识链这一无形的链条如同物理链条一样，任何链接不当都会对整个组织的运作过程产生破坏性的后果。知识链无法形成自己的知识优势结果会导致知识链运行不稳定甚至解体。在理论界，国内外学者结合自身的知识背景，从不同角度、不同方面对单个组织的知识优势，以及组

① Zahra S. Sapienza，H. and Davidson，P. Entrepreneurship and dynamic capabilities: A review, model and research agenda [J]. Journal of Management Sdudies，2006，43（4）：917 - 955.

织联合体如产业集群、战略联盟、动态联盟、供应链和知识链的知识优势展开研究，取得了一定的成果，但尚处于萌芽阶段，对管理实践指导意义不强。

由此可见，丰富和发展知识链理论，推动知识链理论在我国的研究与发展，具有重要理论价值和广泛的应用前景。因此，有必要深入研究知识链的知识优势形成路径与维护机理，制定科学有效的知识链管理策略，加强知识链中组织之间的合作，提高知识链的运行效率。本研究构建基于知识观视角的动态能力理论体系，论证知识链知识优势形成的影响因素，分析知识链知识优势的维持机理，界定知识链知识优势的内涵及形成路径，评估知识链知识优势，探讨知识链知识优势向竞争优势的转化。

本研究集中关注和解决以下六个问题：

（1）知识链知识优势的形成受哪些因素影响；

（2）知识链知识优势的形成路径是什么；

（3）知识链知识优势的形成过程中其动态能力如何体现；

（4）知识链知识优势的维持机理是什么；

（5）知识链知识优势该如何评价；

（6）知识链的知识优势如何向竞争优势转化。

1.2

研究评述

1.2.1 动态能力

1. 动态能力的概念

动态能力的概念首先由提斯和皮萨诺于 1994 年发表的《企业动态能

力的介绍》一文提出①了动态能力的概念和框架，将动态能力定义为组织整合、建立与重新配置内外部能力以应对快速变化的环境的能力。自从提斯提出动态能力概念以来，已经有 20 多位学者对动态能力的概念进行界定。较有代表性的定义包括：艾森哈特和马丁（2000）②认为动态能力是利用资源去适应甚至创造市场变革的公司的流程，特别是整合、重新配置、获得和释放资源的流程，随着新兴市场的出现、冲突、分裂、进化和死亡，企业利用动态能力来重新配置资源的组织和战略惯例；佐罗与温特（2002）③认为动态能力是通过学习以获得集体活动的一种稳定模式，通过这些活动组织系统的产生与修正其运营惯例，以追求绩效的改善。赫尔法特（Helfat，2007）④等则认为，动态能力是一个有组织、有目的地创造、延伸或修正它的资源基础的能力。王建民和张晓华（2007）⑤则认为动态能力是公司整合、重新配置、更新和再创造它的资源和能力的一贯的行为取向，并且更重要的是，升级和重构它的核心能力以回应变化的环境，从而获得和保持竞争优势。苏敬勤等（2013）⑥认为动态能力是企业对内外部资源与能力进行重置整合以快速响应环境变化且能够为企业带来持续竞争优势的能力；马鸿佳（2014）⑦等认为动态能力是企业不断地对企业的资源以及能力进行整合、配置并根据外部环境的变化对它们进行重

---

① Teece D. , and Pisano G. The Dynamic Capabilities of Firms: An Introduction ［J］. Industrial And Corporate Change，1994，3 （3）：537 – 556.

② Eisenhardt K. M. & Martin J. A. Dynamic capabilities：What are they? ［J］. Strategic Management Journal，2000 （21）：1105 – 1121.

③ Zollo M. , Winter S. G. Deliberate learning and the evolution of dynamic capabilities ［J］. Organization Science，2002 （13）：339 – 351.

④ Helfat C. E. , Finkelstein S. , Mitchell W. , Peteraf M. , Singh H. , Teece D. and Winter S. Dynamic Capabilities：Understanding Strategic Change in Organizations ［M］. London：Blackwell.

⑤ Wang C. L. and Ahmed P. K. Dynamic capabilities：a review and research agenda ［J］. International Journa of Management Reviews，2007 （9）：31 – 511.

⑥ 苏敬勤，张琳琳. 动态能力维度在企业创新国际化各阶段中的作用变化分析——基于海尔的案例研究 ［J］. 管理学报，2013 （6）：45 – 56.

⑦ 马鸿佳，董保宝，葛宝山. 创业能力、动态能力与企业竞争优势的关系研究 ［J］. 科学学研究，2014，32 （3）：431 – 440.

组的能力。杜小民（2015）[①] 等认为动态能力的本质属性是搜寻、感知机会并在组织内部进行创造性的破坏以更好地利用机会。高菲（2016）[②] 认为动态是指企业通过对能力调整和迭代以适应不断变化的外部环境；能力是指合理应用、整合、重构组织内外资源以实现组织目标。

尽管不同的学者在动态能力定义上具有一定的共性，但是，这些共性并未得到统一的认识。如果把动态能力泛泛定义为资源、流程和能力，那么对"动态能力"的解释就会出现极大的混乱。因此，我们应该坚持动态能力概念的传统界定方法，即从抽象的组织和管理过程来界定动态能力，这样就能体现不同企业的动态能力共性；如果基于具体战略和组织过程的视角来界定动态能力，就容易导致概念混乱。本研究基于知识的角度定义动态能力，将资源限定为知识资源，将流程界定为知识管理流程，并认为动态能力存在于对知识资源的获取、吸收、创造、整合、重构等一系列管理过程中，有助于我们界定清晰明确的动态能力概念，并且使所界定的概念更具可操作性。

2. 动态能力的维度

提斯和皮萨诺于1994正式发表的《企业动态能力的介绍》一文中，把动态能力划分为适应能力、整合能力和重构能力三个维度。1997 年，他们在对于动态能力研究具有里程碑意义的论文《动态能力与战略管理》中又进一步明确提出了动态能力由整合能力、构建能力和重构能力三个维度构成的观点。2000 年，艾森哈特和马丁的《动态能力是什么》一文同样对动态能力理论的发展做出了重要贡献，他们在秉承已有动态能力研究观点的同时，又提出了从具体的战略和组织过程研究动态能力的新视角，引起了学术界的

---

① 杜小民，高洋，刘国亮. 战略与创业融合新视角下的动态能力研究 ［J］. 外国经济与管理，2015（2）：12－18.

② 高菲. 环境不确定性、动态能力对后发企业技术赶超的影响机制研究 ［D］. 北京：对外经济贸易大学，2016.

广泛响应。帕夫卢和埃尔·萨维·奥阿（Pavlou & EL Savi Aua, 2011）① 则从感知、学习、整合、协调四个维度对动态能力进行了划分，其中感知能力是指企业发现、解释、追求市场机会的能力，学习能力是指企业借助新知识改进现有技能、操作的能力，整合能力是指企业创造共享平台实现新旧知识融合的能力，协调能力是指企业在新的操作环境下统筹资源、任务、活动的能力。王娟茹（2013）② 等对团队动态能力与研发绩效关系进行研究指出，团队学习能力和团队研发能力对复杂产品研发绩效有直接影响。从过程角度，王才林（2015）③ 等进一步提出两维度划分：吸收和转化能力。威廉（Wilhelm, 2015）④ 等从文献中归纳出感知、学习和重构三个维度。经过近二十年的发展和完善，目前国外动态能力维度划分研究主要呈现两种倾向：一是从动态能力的行为维度扩展到组织认知维度，不断丰富和完善动态能力的构念体系。二是把动态能力视为组织完成具体的战略和组织过程的能力，从前因和后果两个方面深化动态能力的理论研究。

本研究更加倾向于采用前一种动态能力维度划分方法，这样有利于在秉承已有研究成果的同时不断深化动态能力构成维度研究，逐渐从企业动态能力的行为维度研究深入到被忽视的动态能力微观认知机制研究⑤。基于此，本研究将动态能力构成维度划分为知识获取能力、知识共享能力、知识创造能力，其中知识获取能力和知识创造涵盖提斯等人提出的机会感

① Pavlou P. A., El Sawy O. A. Understanding the elusive black box of dynamic capabilities [J]. Decision Sciences, 2011, 42（1）: 239 – 273.

② 王娟茹, 罗岭. 团队动态能力、创新与研发绩效的关系研究 [J]. 华东经济管理, 2013（10）: 167 – 173.

③ Wang C. L., Senaratne C., Rafiq M. Success traps, dynamic capabilities and firm performance [J]. British Journal of Management, 2015, 26（1）: 26 – 44.

④ Wilhelm H., Schlömer M., Maurer I. How dynamic capabilities affect the effectiveness and efficiency of operating routines under high and low levels of environmental dynamism [J]. British Journal of Management, 2015, 26（2）: 327 – 345.

⑤ 冯军政, 魏江. 国外动态能力维度划分及测量研究综述与展望 [J]. 外国经济与管理, 2011（7）: 26 – 34.

知、捕捉能力。

3. 动态能力的测量

学者们对动态能力的测量研究有两种不同的思路：①通过研究动态能力的表现来研究动态能力的测量问题，即通过测量企业适应环境变化的行为表现测量动态能力，其研究逻辑是：动态能力本身是抽象的，企业的任何能力均是通过其行为体现出来的，动态能力也不例外，它是通过企业适应环境变化的行为体现出来的，或者说适应环境变化的行为特征就是动态能力的表征，因而动态能力的识别实际上是对具有这一能力的企业所表现出的行为特征的识别。周政和李冰心（Zhou & Li，2010）[1] 在研究战略导向如何影响动态能力时，针对中国情境开发了四个题项分别涉及适应市场变化的能力、面对产业变革调整现有能力以维持竞争优势的能力、应对中国加入 WTO 所带来的挑战的能力、应对电子商务所带来的威胁的能力。李兴旺（2006）[2] 通过研究案例企业提出了动态能力表征的维度及动态能力测评格特曼（Guttman）测试量表。②通过研究动态能力的构成研究测量问题。戴夫和古德汉姆（Daving & Gooderham，2008）[3] 在考察企业动态能力与多元化之间的关系时，把企业动态能力分为人力资本的异质性、内部开发惯例以及与外部服务提供者建立联盟三个维度；丹尼尔斯（Danneels，2010）[4] 在研究企业资源基础与动态能力之间的关系时，把企业动态能力分为创意产生能力、市场破坏能力、新产品开发能力、新流程开发能力

---

　① Zhou K. Z. , And Li C. B. How Strategic Orientations Influence the Building of Dynamic Capability in Emerging Economies ［J］. Journal of Business Research，2010，63（3）：224 – 231.

　② DaVing E. , Gooderham P. N. Dynamic Capabilities as Antecedents of the Scope of Related Diversification：The Case of Smallfirm Accountancy Practices ［J］. Strategic Management Journal，2008，29（8）：841 – 857.

　③ 李兴旺，高鸿雁，武斯琴. 动态能力理论的演进与发展：回顾及展望 ［J］. 科学管理研究，2006，29（2）：92 – 97.

　④ Danneels E. Trying to Become a Different Type of Company：Dynamic Capability at Smith Corona ［J］. Strategic Management Journal，2010，32（1）：1 – 31.

四个维度，并分别提出了相应的题项进行测量。宝贡敏和龙思颖（2015）[①]基于对1994年以来国外动态能力相关文献的系统梳理，对动态能力的内涵界定、维度划分、测量方法、影响因素、结果变量以及一些权变因素进行了述评，并对近五年的研究与先前的研究进行了对比，提出了一个动态能力研究的整合框架。张振森（2016）[②] 等以流程融合为中介变量，构建基于信息系统（IS）资源的企业动态能力提升的研究框架。实证分析表明，动态能力具有五维度结构；IS资源中由外而内的资源和跨越的资源对动态能力有积极影响；李宗洁（2018）[③] 等以高技术企业为研究对象，运用实证研究方法，从事件系统视角考察事件冲击力对企业研发绩效的影响机理，并探讨动态能力对该作用过程的影响。汪涛（2018）[④] 等以向发达国家投资的中国企业为研究对象，通过问卷调查收集了128家企业的数据，从动态能力视角探究组织结构对新兴市场企业逆向国际化绩效的影响。

总体而言，在动态能力维度划分和测量方面，资源整合能力和资源重构能力这两个构念相对比较成熟，是国外学术界普遍接受的理论构念；适应能力、学习能力和创新能力等构念只出现在个别研究中，在理论基础和实证结论方面也没有得到学者们的普遍认同；而机会感知能力等组织认知维度的构念，尽管引起了学者们的极大关注，但仍处于构念提出和理论创建阶段，还有待实证检验。本研究将资源整合能力和资源重构能力提炼为知识获取能力、知识共享能力、知识创造能力，并从知识强度、深度来测量适应能力、学习能力，尝试建立动态能力新的测量方式。

---

① 宝贡敏，龙思颖．企业动态能力研究：最新述评与展望［J］．外国经济与管理，2015，37（7）：74－87．
② 张振森，戚桂杰．基于信息系统资源的企业动态能力提升研究［J］．科技管理研究，2016，36（12）：187－191．
③ 李宗洁，王玉荣，杨震宁，余伟．事件冲击力对高技术企业研发绩效的影响——以动态能力为调节变量［J］．科技进步与对策，2018，35（1）：28－34．
④ 汪涛，陆雨心，金珞欣．动态能力视角下组织结构有机性对逆向国际化绩效的影响研究［J］．管理学报，2018，15（2）：174－182．

4. 动态能力与知识观理论的结合

提斯在 1998 年重新界定动态能力为"感知与把握新的机遇、重新配置和保护知识资产、能力、互补性资产与技术以实现持续竞争优势的能力",为从知识角度研究动态能力指引了方向。近些年来,国内外学者尝试将知识基础观与现有动态能力研究融合,指出动态能力是组织竞争力与知识、管理能力的子集合,知识的创造和吸收能力、知识的整合能力以及知识重新配置的能力是动态能力的内在基础。知识观(kowledge-based view)理论[1]认为,企业是具有异质性的知识体,其竞争优势源于对知识的创造、存储及应用。基于此,一些研究动态能力的学者最近提出动态能力通过基于知识的流程支撑了企业的持续更新,或是将知识资源的使用视为动态能力发展的核心因素,或是直接将动态能力理解为一个知识处理的循环流程[2]。国内学者董俊武(2004)等也从组织知识的角度提出,企业动态能力的实质是一个学习性过程,组织知识的演化过程实际上也是企业动态能力发生作用的过程[3]。汪江(2007)[4] 明确提出了知识动态能力的概念,将其定义为企业动态应用和调整企业知识库来获取竞争优势的能力。韩雨倩(2015)[5] 等将知识动态能力定义为组织通过动态应用和调整企业知识库并系统解决问题的潜力,包括知识感知能力、知识利用能力和

---

① Spender J. C. , Grant R. M. Kowledege and the firm: oberview [J]. Strategic Management Journal, 1996 (17): 5 – 9.

② 郑素丽,章威,吴晓波. 基于知识的动态能力:理论与实证 [J]. 科学学研究,2011 (3): 405 – 411.

③ 董俊武,黄江圳,陈震红. 基于知识的动态能力演化模型研究 [J]. 中国工业经济,2004 (2): 77 – 85.

④ Wang E. , Klein G. , Jiang J. J. IT Support in Manufacturing Firms for a Knowledge Management Dynamic Capability Link to Performance [J]. International Journal of Production Research, 2007, 45 (11): 2419 – 2434.

⑤ Yuqian Han, Dayuan Li. Effects of Intellectual Capital on Innovative Performance: The Role of Knowledge-based Dynamic Capability [J]. Management Decision, 2015, 53 (1): 40 – 56.

知识再配置能力三个维度。胡钢和曹兴（2014）① 以知识观理论为出发点，研究动态能力对企业多元化的作用，并建立二者关系的结构方程模型，以制造业为研究对象，发现知识吸收与知识创造能力对基于复制的多元化没有直接作用，必须通过知识整合能力对基于复制的多元化起作用。梁娟和陈国宏（2015）② 以动态能力为中介变量，构建了多重网络嵌入影响集群企业知识创造绩效的概念模型，表明集群企业应注重多重网络嵌入状态和动态能力的双向动态调整，以实现资源的最佳配置，进而提升知识创造绩效。孙红霞（2016）③ 等对知识在组织内与组织间的流动进行综合分析，考虑知识在不同层次的流动，深入理解知识的流动模式，并在此基础之上考虑动态能力对组织间和组织内知识流动的影响，从而从动态能力视角构建出多层次的知识流动模型。

尽管动态能力与知识观理论相融合的趋势已经越来越明显，但从文献回顾中，我们发现已有文献的五个局限：一是虽然提斯（1998）早就指出动态能力基于知识的基础之上，但现有研究大多停留在资源观、组织能力理论与演化理论上，极少有基于知识观的研究，且研究深度不够。二是从动态能力的概念界定和维度划分来看，由于研究视角不同，导致对动态能力的本质认识不同，现有研究在一系列关键问题（如动态能力的形成、识别、对企业绩效的作用等）的研究成果大相径庭。三是将动态能力视为竞争优势的直接来源缺乏有力的实证研究，忽略了对中间变量的挖掘。四是目前的研究考虑了太多的非组织能力因素研究动态能力的构成和形成，其优点是拓展了其研究视野，缺点是偏离了动态能力属于组织能力的基本属性，致使动态能力理论研究愈来愈繁杂。五是研究者对动态能力单位的界定不统一，通常将动态能力单位界定为组织，但组织本身有很多种，是

———————

① 胡钢，曹兴. 知识视角下动态能力对多元化战略影响的研究［J］. 科研管理，2014，35（9）：98 – 105.

② 梁娟，陈国宏. 多重网络嵌入与集群企业知识创造绩效研究［J］. 科学学研究，2015，33（1）：90 – 97.

③ 孙红霞，生帆，李军. 基于动态能力视角的知识流动过程模型构建［J］. 图书情报工作，2016，60（14）：39 – 46.

单一组织？链式组织？还是网络组织？不同组织动态优势内涵、功能显然是不一样的。

1.2.2　知识优势

1996 年，鲁萨克（Prusak）最早讨论了由知识而形成的竞争优势。他认为如何最快、最有效地利用知识，已成为一个新的分析领域。未来需要解决的是：知识管理是否会成为一种单独的职能，是否值得建立专门的部门来负责知识管理。① 根据他的思路，鲁迪·拉各斯（Rudy Ruggles，2001）将知识优势界定为基于知识的竞争优势，认为知识优势存在于不同的层面，包括个人、组织、战略和经济四个层面。知识管理已跨越企业边界涉及客户、供应商和其他关系的伙伴。② 目前，关于知识优势的研究尚处于萌芽阶段，知识优势的界定还存在不同观点，学者主要是从国家、组织联盟、企业内部三个层次定义并研究知识优势的。

1. 国家知识优势

谢康、吴清津和肖静华（2002）探讨了企业知识分享、学习曲线与国家知识优势之间的关系。认为企业知识优势是国家知识优势的基础，企业知识分享可以促进企业学习进而形成企业优势，企业知识优势通过普遍的集成效应，使企业学习曲线向上推移，扩展企业的最右边界，进而拓宽国家生产的可能性边界，形成国家知识优势③。曾珠（2009）认为，未来的国家竞争优势最终必然体现在知识优势上。国家知识优势被认为是企业知识优势在国家层面的反映。一国的国家知识优势不仅包括知识产权及其

---

① Prusak L. The knowledge advangtage [J]. Strategy and Leadership, 1996, 24 (2): 6 – 8.

② Ruggles R., Holtshouse D. 知识优势：新经济时代市场制胜之道 [M]. 吕巍等译. 北京：机械工业出版社，2001.

③ 谢康，吴清津，肖静华. 企业知识分享、学习曲线与国家知识优势 [J]. 管理科学学报，2002（4）：14 –21.

保护，还包括知识的创新和培育、知识的转化和利用等诸多方面①。曾珠（2010）认为，国家知识优势不等同于国家既定的比较优势和竞争优势基础，是在国家既定的比较优势和竞争优势基础上的更高层次的国家优势。我国应从知识产权及其保护、知识创新、知识的培育和知识的转化利用等方面培育自身的知识优势②。杨稣和邓俊荣（2011）研究了基于知识互动视角的发展中国家知识价值链优势提升策略，认为在全球投资贸易一体化条件下，知识、信息在全球价值链上流动加速，逐渐代替资本与劳动成为价值增值的关键要素，所以发展中国家价值链升级的关键因素是形成与价值链治理者基于市场交换或知识共同体的知识互动关系，形成均衡型的价值链知识优势治理模式③。

2. 供应链、虚拟企业（团队）的知识优势

彼得·海恩斯、尼克·里奇和马莱卡·希特迈尔（Peter Hines, Nick Rich & Malaika Hittmeyer，1998）以 14 家上市公司的供应链为样本，探索知识优势的来源。引入新的知识价值流分析工具（VALSAT）的动态方法，以创造有效的知识价值流，并通过肯尼亚的纺织知识价值流来验证④。许晓冰、孙九龄和吴泗宗（2006）从知识优势市场价值的实现角度，将虚拟主导企业知识优势的丧失分为绝对丧失与相对丧失。分析了知识优势丧失的原因，提出了虚拟主导企业如何保持其知识优势的举措⑤。塔伊布·马克苏德、德里克·沃克和安德鲁·法恩根（Tayyab Maqsood &

① 曾珠. 从知识优势培育角度谈中国对外贸易战略调整 [J]. 国际经贸探索，2009，25 (7)：23 - 27.

② 曾珠. 知识竞争、知识优势及其培育 [J]. 金融与经济，2010 (7)：34 - 46.

③ 杨稣，邓俊荣. 基于知识互动视角的发展中国家价值链提升研究 [J]. 华东经济管理，2011 (12)：72 - 74.

④ Peter Hines, Nick Rich, Malaika Hittmeyer. Competing against ignorance: advantage through knowledge [J]. International Journal of Physical Distribution & Logistics Management, 1998, 28 (1): 18 - 43.

⑤ 许晓冰，孙九龄，吴泗宗. 虚拟主导企业如何保持其知识优势 [J]. 上海理工大学学报（社会科学版），2006，28 (2)：67 - 71.

Derek Walker & Andrew Finegan，2007）探讨了建筑业供应链与知识管理的共性及信任、承诺、知识管理、创造性学习链对形成知识优势的作用，为建筑业设计了一个知识优势框架，以帮助组织建立一种知识分享的文化氛围，使整个供应链的知识优势进一步发展①。维奥利娜·拉奇瓦（Violina Ratcheva，2008）提出了在虚拟伙伴关系中，知识创造的互动过程的初步理论框架。认为虚拟团队知识创造过程是一个非常复杂的互动过程，将这一过程界定为团队的行为和相互作用嵌入在虚拟团队的独立社会活动中，而非在于团队成员所处理的预先给定的知识资源②。

3. 知识链的知识优势

李久平、顾新和王维成（2008）认为，知识优势是在知识流动过程中一条知识链相对于另一条知识链所表现出来的优势。知识优势包括：知识存量优势和知识流量优势③。唐承林和顾新（2010）以 Logistic 模型为基础，构建了知识网络的种群生态学模型，研究发现：不同类型的知识链加入共同知识网络，会增加网络的整体知识存量，并促进知识优势的形成④。刘谷金和盛小平（2011）设计出由知识管理主要活动（包括知识审计、知识获取、知识创造、知识吸收、知识保护与知识应用）与辅助活动（包括知识领导、知识协调、知识控制、知识组织、知识测评）组成的知识价值链，并研究了企业通过实施知识价值链管理来获得持续的知识竞争优势的策略⑤。

---

① Tayyab Maqsood, Derek Walker, Andrew Finegan. Extending the "knowledgeadvantage": creating learning chains [J]. Learning Organization, 2007, 14 (2): 123 – 141.

② Violina Ratcheva. The Knowledge of Advantage Virtual Teams-processes Supporting Knowledge Synergy [J]. Journal of Generral Management, 2008, 33 (3): 53 – 67.

③ 李久平，顾新，王维成. 知识链管理与知识优势的形成 [J]. 情报杂志，2008 (3): 50 – 53.

④ 唐承林，顾新. 知识网络知识优势的种群生态学模型研究 [J]. 科技进步与对策，2010 (20): 133 – 135.

⑤ 刘谷金，盛小平. 从价值链管理到知识价值链管理——企业获取竞争优势的必然选择 [J]. 湘潭大学学报（哲学社会科学版），2011 (9): 76 – 81.

4. 产业知识优势

黄本笑和张婷（2004）分析了现代制造业的比较优势和竞争优势，指出在知识经济时代数字化制造是现代制造业追求知识优势的必然选择，并分析了现代制造业的发展态势①。陆源和朱邦毅（2005）分析了银行业中网络银行的知识优势，提出了中国银行业参与网络银行竞争的几点策略②。李其玮（2018）③ 等以成都高新区 89 家科技企业为样本，运用因子分析法和 K－CF 模型对科技产业创新生态系统知识优势评价体系的合理性和适用性进行检验，发现导致系统知识优势不佳的相关因素，帮助领导者和决策者改善知识优势状况。李其玮（2018）④ 等结合产业创新生态系统的演化特征，分析产业创新生态系统知识优势"点—链—网"立体演化过程，将产业创新生态系统知识优势的演化分为生命周期阶段、生态进化阶段和混沌共生阶段，并以苹果、三星和华为公司作为案例研究对象，结合全球智能手机产业的发展对上述演化阶段进行多案例比较研究。

5. 企业知识优势

格雷厄姆·杜兰特（Graham Durant－Law，2001）引入描述域和预测域来研究隐性知识的特性及其扩散、转化渗透过程。他认为，隐性知识是形成比较优势的关键。一个公司在知识渠道中从数据和信息描述域向处理知识预测域提升时，就会显现隐性知识优势⑤。刘开春（2003）通过研究

① 黄本笑，张婷. 知识优势——现代制造业的追求［J］. 科技管理研究，2004（4）：68－70，80.
② 陆源，朱邦毅. 浅析网络银行竞争的知识优势［J］. 商业时代·理论，2005（23）：54－55.
③ 李其玮，顾新，赵长轶. 产业创新生态系统知识优势评价体系——以成都市高新区89家科技企业为样本的实证分析［J］. 中国科技论坛，2018（1）：37－46.
④ 李其玮，顾新，赵长轶. 产业创新生态系统知识优势的演化阶段研究［J］. 财经问题研究，2018（2）：48－53.
⑤ Graham Durant－Law. The Tacit Knowledge Advantage［J］. Organizational Dynamics，2001，4（29）：164－178.

国际竞争新趋势与传统竞争战略，提出了基于知识优势的竞争战略，探讨了我国企业由初级优势向更高级优势转变的路径并对此提出了建议①。易敏利和刘开春（2004）提出了基于知识优势的竞争战略，一是运用知识优势构筑的防御性竞争战略，二是运用知识优势建立的进攻性竞争战略。制定基于知识优势的竞争战略的企业，需要用新的组织架构、管理手段以及相关方面的配合来保证这一竞争战略的实施②。董小英（2004）认为，企业知识优势的形成与三个因素密切相关：①企业所拥有的资源的特质，特别是人力资源的素质。②企业内部运作体系的复杂性。③应用技术的领先程度和创新能力。知识优势是确保企业可持续增长的重要条件。我国在加入WTO后，可以利用与国际经济进一步接轨的契机，通过实施知识吸纳、知识联盟、知识整合、知识转移、知识激励和知识创新战略，在产业定位中形成自身特有的知识优势，以确保在国际竞争中的活力和持久竞争优势③。徐勇（2004）研究了企业知识优势的形成过程、消散原因与维持机理。他认为，传统的企业竞争优势，正逐步演化为基于知识与创新的企业竞争优势，即知识优势。企业知识优势的消散，源于知识的固有特征及外部环境变化。其主要原因有：①知识的漏斗效应与知识外溢。②竞争对手的模仿与超越。③"熊彼特冲击"导致的"创造性破坏"。④消费者需求偏好的改变。企业知识优势的维持机理在于建立企业异质化知识的隔离屏障、持续创新和实施知识竞争战略④。周颖和王家斌（2005）在对知识优势及其形成驱动因素阐述的基础上，构建了企业知识优势形成的过程模型，分析了企业知识优势形成的前提、关键、条件及来源，并提出了企业知识优势形成的保障⑤。张骁（2005）分析了跨国公司构建知识优势的条

---

① 刘开春. 论基于知识优势的竞争战略 ［M］. 西南财经大学出版社，2003.

② 易敏利，刘开春. 论基于知识优势的竞争战略 ［J］. 西南民族大学学报·人文社科版，2004，25（2）：253－256.

③ 董小英. 知识优势的理论基础与战略选择 ［J］. 北京大学学报（哲学社会科学版），2004，41（4）：37－44.

④ 徐勇. 企业知识优势的丧失过程与维持机理分析 ［J］. 学术研究，2004（5）：26－31.

⑤ 周颖，王家斌. 企业知识优势形成的理论分析 ［J］. 科技与管理，2005（3）：34－36.

件，他认为，企业内部知识集的形成受到来自时间、空间和过程三方面的条件约束，跨国公司的历史经营环境及对待知识形成的态度和行为偏好是其构建知识优势的时间、空间和过程条件①。余世英（2006）认为，我国企业要想在竞争激烈的国际市场中处于领先地位，必须不断地创造和运用新知识，通过实施知识吸纳战略、知识联盟战略、知识整合战略、知识转移战略、知识激励战略、知识创新战略以确立自身的知识优势和竞争优势②。王小燕（2006）在对知识优势和信息化进行阐述说明的基础上，讨论了基于知识优势的企业信息化建设的重点、技术框架和管理保证，王小燕认为，企业信息化是企业提高自身竞争力的重要途径，知识优势是信息化企业追求的目标之一③。王晓晴和刘涛（2008）认为，塑造和维持企业的知识优势是跨国公司提高国际竞争力的根本选择。为启动企业知识管理战略，通过静态知识信息库的建立和动态知识链的传导可以塑造和保持跨国公司持续不断的知识优势④。曾珠（2008）认为，知识优势是知识经济到来的必然结果，未来竞争优势主要体现在知识优势上，企业知识分享通过各种激励机制来提高企业的学习速度，降低边际成本，实现企业的规模管理外溢，进而形成企业知识优势⑤。任倩楠（2009）认为，我国企业只有创建并提升自己的知识优势，才能走好跨国经营之路，知识优势对跨国公司的推动作用通过"新产品或服务的开发""企业的运营""同顾客的联系"等三种途径表现出来⑥。杨秋生（2009）认为，企业的生产过程是一个知识接力过程，由于企业内部组织结构人员特征及管理手段等不同，

---

① 张骁. 跨国公司构建知识优势的条件分析 [J]. 科技进步与对策，2005（8）：129 – 131.

② 余世英. 我国企业建立知识优势的战略思考 [J]. 情报杂志，2006（3）：92 – 93，91.

③ 王小燕. 追求知识优势是企业信息化建设的重要目标 [J]. 商业经济文荟，2006（4）：99 – 101.

④ 王晓晴，刘涛. 知识优势与企业跨国经营的内在机理研究 [J]. 全国商情，2008（11）：115 – 116.

⑤ 曾珠. 从比较优势、竞争优势到知识优势——日本知识产权战略对中国的启示 [J]. 云南财经大学学报，2008，23（6）：50 – 55.

⑥ 任倩楠. 论知识优势在企业跨国经营中的作用——以通信设备制造业为例 [M]. 广州：广东外语外贸大学出版社，2009，29.

造成了不同企业之间所积累的知识具有较大的差异性，而企业的知识优势正是来源于企业的异质化知识①。陈耀威、德里克·H. T. 沃克和安东尼·米尔斯（Eric W. L. Chan & Derek H. T. Walker & Anthony Mills，2009）认为，竞争优势可以通过获取知识优势（K - Adv）等方法获得。该研究的K - Adv框架分析表明，ERP系统被视为一种成本管理的有用工具，其成效主要取决于人与人之间的知识转移如何发挥作用②。萨勃拉曼·武塔（Subramaniam Vutha，2010）结合印度塔塔汽车公司和中国华为公司案例，强调关于知识产权资产的重要性及其在当今全球贸易中的作用。他认为，知识产权组合方面的规模和价值将成为它在知识管理方面进展的良好指标，管理者应该意识到知识产权和知识优势之间的联系，以及它们之间如何相互支持③。朱秀梅，张妍和陈雪莹（2011）利用来自东北三省的290个新企业的调查问卷进行实证分析组织学习与新企业知识竞争优势关系。研究结果表明，知识获取和知识整合对新企业知识竞争优势具有显著正影响，组织学习对知识获取、整合和创造均具有显著正影响，知识获取和知识整合正向影响知识创造，但知识创造对新企业知识竞争优势的影响未被支持。说明在强化知识获取和知识整合能力的同时，新企业急需提高知识创造能力，并致力于打造学习型组织④。李其玮（2018）⑤等人认为产业创新生态系统的知识优势是某个产业创新生态系统优于对手的、可持续的、更能带来利润或效益的优势知识与技能。相关研究认为知识优势来源于知识生产、知识协同和知识战略的共同作用，概括了主要形成路径由于知识优势载体的不确定性，导致知识优势的定义还存在相当大的争议，因

---

① 杨秋生. 打造企业的知识优势 [J]. 企业改革与管理，2009（7）：25 - 26.

② Eric W. L. Chan，Derek H. T. Walker，Anthony Mills. Using a KM Framework to Evaluate an ERP System Implementation [J]. Journal of KnowledgeManagementA，2009，13（2）：93 - 109.

③ Subramaniam Vutha. The Knowledge Advantage [J]. Tata Review，2010（1）：62 - 65.

④ 朱秀梅，张妍，陈雪莹. 组织学习与新企业竞争优势关系——以知识管理为路径的实证研究 [J]. 科学学研究，2011（7）：745 - 755.

⑤ 李其玮，顾新，赵长轶. 产业创新生态系统知识优势的内涵、来源与形成 [J]. 科学管理研究，2016，34（5）：53 - 56.

此知识优势的内涵和外延需要厘清；此外，知识优势研究领域有待拓宽。当前，有关知识优势的研究主要集中在国家宏观战略层面和单一组织内部，研究成果涉及企业知识优势的形成、消散、维持等方面，且尚属于"小荷才露尖尖角"。知识链作为一种链式结构，其知识优势的形成更具协同性、复杂性，单一组织仅仅是知识链的基本单元或节点，知识链知识优势的形成路径比单一组织更复杂，知识优势维持难度更大。知识链知识优势的评价研究还是一个空白。知识链知识优势会导致知识链市场绩效的提高，但是它与绩效仍有差异，不能完全用绩效指标来衡量，它有自己的评价指标，既包含知识本身的评价，又要考虑知识的载体—员工、产品的评价。

更为重要的是，相关研究有意无意混淆了竞争优势和知识优势，甚至干脆将知识优势定义为基于知识的竞争优势，这非常不利于知识优势与竞争优势的研究。知识优势的实质是一种整合、利用知识的能力，表现出的是较高的知识水平，它并不必然带来竞争优势，它只是竞争优势的必要条件，两者之间的转化尚需要一定的中间变量。本研究构建的理论框架是：知识的动态能力—知识优势—竞争优势，并从过程视角"知识获取→知识共享→知识创造"描述知识优势的形成，最后探讨知识优势维持机理以及向竞争优势转化的条件。

1.2.3 文献评论

综上所述，国内外学者从不同角度研究了知识观的动态能力、知识优势、基于知识的竞争优势、组织之间的知识获取、知识共享和知识创造等相关领域，而针对知识链知识优势的研究尚处于萌芽阶段，相关研究甚少，还有大量问题有待解决，主要表现在：

（1）从动态能力的视角研究知识优势缺乏统一完整的理论框架。尽管动态能力与知识观理论相融合的趋势已经越来越明显，但迄今为止，尚未有学者从动态能力的视角出发对知识链知识优势进行明确的界定。基于动态能力的知识优势急需一个内涵明确、边界清晰的概念构思以及与之对应的、可操作的测度体系，现有研究中将动态能力观的知识优势理解为各种各样的知识资源、能力和过程，相互之间缺少共同基础，阻碍了对知识动态能力构成要素的识别及其与其他组织变量、组织目标（如知识优势、竞争优势）之间的关系等关键问题的进一步探究。

（2）对知识链知识优势的含义、影响因素、形成机理、评价体系等关键问题需深入研究。知识优势是知识管理研究的一个核心概念，其重要性不言而喻。现有研究对知识优势的阐释并不一致，造成了概念使用上的随意性。从动态能力视角研究知识链知识优势的形成机理基本停留在论证阶段，还没有深入到知识链内部从知识活动的流程去打开知识优势来源的"黑箱"，知识优势与竞争优势的关系也没有得到清晰的阐释。本研究通过对相关文献的梳理和评价，构建知识优势与知识动态能力的关系模型，并在实证上予以研究和证明，提出了一个有助于完整理解知识链知识优势内涵的概念框架。

（3）由于知识链知识优势的研究刚刚起步，相关研究偏重于理论实证研究，需要进一步运用经验实证方法。目前，关于知识链知识优势研究以概念性、描述性、逻辑推理的定性研究为主，所提出的模型也多属概念模型，尚缺乏一些必要的定量分析方法，因此，难以定量评价知识链的知识优势，也难以为知识链管理提供理论指导和决策依据。

1.3

研究意义

知识链在我国高科技行业正在成为企业之间合作的新形式，但运行效率和知识成果却存在很多问题，针对这些问题，本研究拟在建构基于知识的动态能力理论体系的基础上，研究知识链知识优势的形成与维持，具有重要的理论价值和实践意义。表现在：

（1）本研究有助于丰富和发展知识链管理理论和知识管理理论。对知识链的知识优势进行深入和系统的理论研究，可弥补国内外知识链知识优势领域的空白，完善知识链管理理论体系。知识链管理是知识管理的一个重要组成部分，研究知识链管理，有助于完善知识管理理论体系。因此，本研究对于构建知识链管理的理论框架体系、促进管理科学的发展具有重要理论价值。

（2）研究知识链的知识优势是知识链管理实践的客观需要。当前，我国的一些企业已自觉或不自觉地进行着知识链管理的实践，通过构建企业与企业之间、企业与大学和科研院所之间的知识链，实现组织之间的知识共享和知识创造，形成知识链的知识优势。尽管知识链这种组织形态已在我国出现，但成功的实例还不多见。知识链中存在的普遍问题就是组织之间的知识流动过程中存在障碍，难以实现跨组织的知识共享和知识创造，没有形成知识链的知识优势，并最终导致知识链的失败或解体。因此，研究知识链的知识优势，有助于指导我国企业构建知识链，提高知识链的成功率，具有重要的现实意义。

1.4

研究内容

本研究界定基于知识的动态能力，构建基于知识观视角的动态能力理论体系；在知识动态能力基础上研究知识链知识优势的内涵及影响因素；将知识链知识优势的形成过程划分为知识获取、知识共享、知识创造三个阶段，研究知识链知识优势的形成机理；将知识链知识优势分为知识存量优势和知识流量优势，建立知识链知识优势的评价指标体系和评价模型；分析知识链知识的衰减过程，探讨知识链知识优势的维持机理；探讨知识链知识优势向竞争优势的转化；为我国企业实施知识链管理、形成和维持知识链的知识优势提供理论指导和决策参考。

主要研究内容如下：

（1）界定基于动态能力观的知识链知识优势的内涵。溯源动态能力理论的演进与发展；定义基于知识的动态能力；构建基于知识观视角的动态能力理论体系；界定基于动态能力观的知识链知识优势内涵；厘清知识链知识优势与知识动态能力之间的关系。

（2）基于知识观动态能力的知识链知识优势形成路径研究。知识链动态能力是知识链在不断变化的环境中对内外部知识资源进行处理的过程性能力。知识链知识优势的形成本质上是知识链动态能力发挥作用的结果。知识链知识优势的形成第一阶段表现为对内外部知识的搜寻识别，第二阶段表现为对新知识的共享吸收，第三阶段表现为新知识的创造应用，将知识链知识优势形成一般路径概括为：知识获取→知识共享→知识创造，三个阶段也是知识动态能力演进前后相继的过程。

（3）知识链知识获取研究。本研究认为知识势差是知识链知识获取的动力，首先讨论了基于知识势差的知识链知识获取过程，并从知识主体数和知识丰富度两个角度分析了知识链知识获取效率；其次分别研究知识链成员特点、知识链成员之间的关系、知识链自身特点三者对知识链知识获取的影响，并建立了知识链知识获取影响因素概念模型路径图；最后讨论了知识链知识获取的技术，并结合具体的案例演示了这些技术的应用。

（4）知识链组织之间知识共享研究。本研究界定了知识共享对知识链运行的重要作用，分析了知识链知识共享的主体要素和客体要素；将知识链知识共享活动细分为知识集成、知识转化和知识反馈三个过程，并从利益、法律、社会三个角度研究了知识链知识共享的协调机制。本章最后重点研究了知识链知识共享的信誉问题，通过构建知识链知识共享信誉均衡模型，找到了知识共享区间即知识共享可实施范围，得出促进和激励知识链知识共享行为的策略。

（5）知识链知识创造研究。在梳理关于知识创造的国内外文献基础上，构造了知识链知识创造系统动力机制的 ERP – GDE 模型，刻画出了知识链知识创造动力机制运行周期，提出了增强知识创造动力的政策；将知识链知识创造模式划分为元件创新与架构创新、概念创新与路径创新、协同创新与网络创新，构建了知识创造模式三维结构图，并结合三个案例分析了知识链知识创造的具体应用，讨论了每个模式的应用领域及对我国知识管理实践的指导意义。

（6）知识链知识优势的评价研究。建立知识链知识优势的评价指标体系和评价模型，通过比较知识优势，找出不同知识链之间的差距，确定知识链目前的知识管理水平，优化知识链的管理策略；知识优势包括知识静态优势和知识动态优势，知识静态优势反映的是知识链知识优势形成后的知识水平，知识动态优势是知识链知识优势形成的过程性优势。从知识的质量、数量和结构出发，将知识静态优势分为知识深度、知识宽度和知识强度三个维度；从知识链知识优势形成过程角度考虑，将知识动态优势分为知识流速、知识净流量和知识流动支持系统三个维度。

（7）动态能力视角下知识链知识优势的维持机理研究。知识链知识优势的形成是一个动态能力演进的过程，其维持更是一个复杂、艰难的长期过程。基于动态能力培育和发展的角度研究了知识链知识优势维持的机理。本研究探讨了知识刚性对知识优势的负面影响，在分析动态能力对知识刚性的克服作用的基础上，首先剖析了知识管理、组织学习和动态能力三者之间的关系，强调了知识管理的重要性；其次探讨了联盟能力对知识链知识优势形成的意义及影响机理，认为联盟能力是知识链知识优势维持的源泉；最后分析了知识流程再造、动态能力、知识链知识优势的关系，得出了知识流程再造是知识链知识优势维持的关键的结论。

（8）知识链知识优势向竞争优势转化研究。本研究从产品、组织和商业模式三个维度研究了知识链知识优势向竞争优势的转化。知识产权战略是基于知识链知识产品本身，认为如果知识链能够实施知识产权战略，那么就可以防止因知识外溢而导致的竞争优势丧失；组织结构柔性基于知识链组织结构角度，认为结构柔性可以使得知识链动态应对外部知识环境的变化，从组织层面降低运作惯性，从而获得竞争优势；商业模式针对的是市场，认为知识链如果能够占领市场，为顾客创造价值，那么就能够赢得顾客的"货币投票"从而获得竞争优势；分析了联想采用协调型商业模式的成功之处，得出知识优势向竞争优势转化不能"平均用力"，而是要结合产品市场的特点制定合适的战略。

1.5

研究方法

（1）由于本研究所需要的企业层面的数据大多不是可以直接测量的经济数据，因此拟通过问卷调查，获得了实证研究所需的样本数据。本研究首先在理论推演的基础上重构了动态能力的概念和构成维度，然后开发基于知识观的动态能力量表，并在此基础上建立路径模型，考察动态能力与知识优势的关系。动态能力的量表开发过程经历专家团队咨询、试调研、题项纯化和大规模调研四个阶段，分别使用探索性因素分析（exploratory factor analysis，EFA）、SPSS16.0 信度分析和验证性因素分析（confirmatory factor analysis，CFA）进行检验。路径模型的建立运用 AMOS 结构方程分析软件，构建知识优势的结构方程（structural equation model）模型，对概念模型做出适当修正，并确立最终模型，验证各动态能力对知识优势的影响，明晰各因素的影响程度及影响机理。

（2）借鉴系统论的基本思想，将知识链当作一个整体系统，分析知识链三大子系统（知识获取、知识共享、知识创造）的相互关系和变动的规律性，调整系统结构，协调各要素关系，使系统达到优化目标（形成知识优势）；借鉴生命周期理论，将知识链知识优势看作是一个从显现、增强、维持到衰竭的过程，研究该过程中各个阶段的特征与问题，以实现维持知识链知识优势的目的。引入路径依赖理论和核心刚性理论，探寻知识链知识优势的衰减规律，讨论不同阶段的知识链知识管理策略，探索维持并延长知识链的知识优势的途径。

（3）运用博弈理论构建支付矩阵的方法，揭示知识链组织之间知识共享障碍的形成，分析知识链组织之间知识共享的稳定性条件。知识链组织要实现知识共享必须从两方面入手：一是增大知识共享中所创造的协同价值，提高组织参与合作的期望。二是减少共享参与组织的机会主义收益，使组织之间的收益分配更合理。运用社会网络理论，分析关系强度对知识链组织知识优势的影响，采用统计分析的方法，量化组织之间的关系强度，运用主成分分析方法，提取关系强度的构成因子，并通过回归分析探索关系强度对知识优势的影响。

（4）将实地研究法与案例研究法相结合。通过数据整理和能力评价，挑选出具有知识优势的中外知识链如：丰田"专家顾问—供应商"知识链；我国 TD—SCDMA 技术联盟；A 公司"增值合作"知识联合体等，进入企业现场深度访谈和参与观察，将知识链知识优势理论和方法应用于案例企业，进行验证，并予以改进，使理论和方法能真正应用于实践，确保研究成果的科学性与实用性。

1.6

研究思路

本书的逻辑思路如下：第一部分通过文献梳理提出知识链知识优势形成的研究假设，从调查问卷得到数据，运用统计软件对数据进行处理，验证研究假设，建立本书的基本分析框架。第二部分构建知识优势形成路径的理论模型，结合知识活动实践阐述该路径，使知识链知识优势的概念从抽象变为具体。第三部分对知识链知识优势形成的三个关键阶段知识获取、知识共享、知识创造分别进行研究，针对每个阶段的特征，论述各有侧重。第四部分是知识链知识优势的评价。第五部分从动态能力视角分析知识链知识优势维持机理，得出可操作的知识管理策略。第六部分是知识链知识优势向竞争优势转化研究，这既是本书的落脚点，也是下一个研究的起点。如图 1-1 所示。

知识链知识优势形成路径与维持机理研究

```
                    ┌──────────────────┐
                    │  明确研究目标和内容  │
                    └──────────────────┘
                              │
                    ┌──────────────────┐
                    │  收集、整理和翻译文献 │
                    └──────────────────┘
                              │
                ┌──────────────────────────┐
                │ 基于知识观视角的动态能力理论构建  │
                └──────────────────────────┘
                              │
                ┌──────────────────────────┐
                │ 知识链知识优势形成路径研究框架   │
                └──────────────────────────┘
                              │
              ┌─────────────────────┐   ┌──────────────┐
              │  知识链知识获取研究      │───│ 动力、影响因素、 │
              └─────────────────────┘   │ 方式、技术实现  │
                              │          └──────────────┘
              ┌─────────────────────┐   ┌──────────────┐
              │  知识链组织之间的知识共享 │───│ 功能、过程、协调 │
              └─────────────────────┘   │ 机制、信誉机制  │
                              │          └──────────────┘
              ┌─────────────────────┐   ┌──────────────┐
   ┌────┐     │  知识链知识创造研究     │───│ 知识创造动力机制、│
   │修正│     └─────────────────────┘   │ 知识创造模式   │
   └────┘                   │          └──────────────┘
              ┌─────────────────────────────┐
              │      知识链知识优势形成          │
              │（知识链知识优势的评价指标体系及模型）│
              └─────────────────────────────┘
                              │
              ┌─────────────────────────────┐
              │     知识链知识优势的维持机理       │
              └─────────────────────────────┘
                              │
              ┌─────────────────────────────┐
              │ 知识链知识优势与竞争优势的转化研究   │
              └─────────────────────────────┘
                              │
          否            ◇ 合理否? ◇
                              │ 是
              ┌─────────────────────────────┐
              │          本书完成              │
              └─────────────────────────────┘
```

图 1-1 本书技术路线

1.7

创新之处

（1）提出了"动态能力通过基于知识管理的流程促进了知识链知识优势的形成"的观点。通过研究知识链知识优势与动态能力之间的关系，在深度剖析动态能力演进过程所依赖的知识管理活动之后，提出了动态能力的形成与发展本质上就是知识链知识优势形成过程的观点。将动态能力从各种难以琢磨的资源、能力、过程或惯例转变为知识获取、知识共享、知识创造这一具体过程上，显著地提高了可观测性和可操作性，并通过理论建构和实证研究验证了动态能力与知识优势的关系，进一步证明了动态能力的正确性、适用性，有力地推动动态能力理论研究。

（2）初步构建了基于动态能力知识链知识优势形成路径框架模型。如果将知识链组织比喻为一株大树，那么，知识获取是组织的根基，知识共享是组织的发展之源，知识创造是组织的树干，知识优势则是组织发展的目标—繁茂的枝叶与果实。这四个部分相互促进，密不可分，构成了基于动态能力知识链知识优势形成路径框架模型。

（3）将当前知识优势的研究对象从国家知识优势宏观战略与微观企业知识优势扩展到组织之间、跨组织联合体的知识优势，具有新颖性和实用性；提出知识链知识优势形成的"三段论"；将知识链的知识优势分为知识静态优势和知识动态优势，并以此建立评价指标体系，为知识绩效管理提供了新的思路。

（4）将动态能力研究范式从战略管理研究领域引入到知识管理研究领域，丰富了知识管理理论，并尝试搭建沟通知识管理目标和战略管理绩效的桥梁；回答了学者们纠结于知识优势究竟来源于能力还是来源于资源这一问题，其实践意义在于知识链应该如何提升其动态能力并以此来提升知识链的知识优势，参与市场竞争。

第 2 章

基于动态能力的知识链知识
优势形成的理论框架[①]

知识经济和全球化是 21 世纪的两大特征。面对市场环境不确定、知识更新速度加快、顾客需求的多样化，各类营利组织保持持续竞争优势的难度越来越大。管理者和学术界都在试图解释这样一个问题：持续竞争优势的来源是什么？传统能力理论所提出的能力形式，无论是核心能力还是独特能力，由于沉没成本效应、替代效应以及创新的路径依赖所造成的刚性使得组织无法与外部环境保持动态适应。因此，动态能力概念经由提斯等[②]提出以来，由于契合 20 世纪 90 年代以来市场环境变化的特点，迅速从企业能力理论、复杂理论、合作竞争理论等战略管理理论中脱颖而出，近几年来动态能力理论研究持续升温，相关学者用理论或实证的研究成果不断丰富着动态能力学派的理论体系。

皮萨诺等（1997）[③] 将动态能力定义为企业为适应环境变化而整合、构造和重新配置内外部资源和能力的能力；佐罗和温特（1999）[④] 进一步

① 张省，顾新，张江甫. 基于动态能力的知识链知识优势形成：理论构建与实证研究 ［J］. 情报理论与实践，2012，35 （11）：34 – 38.

② Teece D. J. , pisano G. , Shuen A. Dynamic capabilities and strategic management ［J］. Strategic Management Journal, 1997, 18 （7）：509 – 533.

③ Pierce, Lamar, Teece, David J. , The Behavioral, Evolutionary, and Dynamic Capabilities-Theories of the Firm：Retrospective and Prospective ［M］. London Press, 1997.

④ Zollo M. , Winter S. G. , From organizational routines to dynamic capabilities. A working paper of the Reginald H ［M］. Jones Center, the Wharton School University of Pennsylvania, 1999.

界定了动态能力的维度和功能，并基于组织惯例和能力视角把动态能力理解为从事高度程式化、可重复活动的能力；艾森哈特和马丁（2000）[①] 研究了动态能力的构成、种类和在不同环境下的特征，认为动态能力是组织资源剥离或释放能力；提斯（2007）[②] 又重新诠释和阐述动态能力，把动态能力划分为感知机会和威胁的能力，捕捉机会的能力以及增强、整合、保护和必要时重构企业显性或隐性资产以维持竞争力的能力。由学者们的对动态能力的界定可见，动态能力究竟是"整合资源的能力（提斯等）"，还是"提升一般运营能力的能力（温特等）"，抑或是"一种组织惯例（佐罗等）"，学术界并未达成统一的认识。此外，学者们对动态能力的对象"资源"的理解也是众说纷纭；动态能力的主体是单个组织，还是组织联合体，学者们并没有区分研究。

国外的学者认为动态能力与组织竞争优势之间有直接作用，但是随着更多的实证研究证据的发表，对两者之间存在何种关系产生了更多的解释。魏江等（2003）[③] 开始质疑主流学者的观点并借助实证研究验证动态能力与竞争优势两者之间究竟是直接作用关系，还是间接作用关系；威廉姆森（Williamson，1999）[④] 假设两者是间接作用关系，验证有哪些中介变量影响两者之间的关系。扎赫拉和萨皮恩扎（Zahra & Sapienza，2006）[⑤] 甚至质疑动态能力是否能够为企业带来竞争优势，他们认为动态能力并不必然保证组织的成功。动态能力理论普遍的观点是：组织适应环境变化的能力（动态能力）会导致组织形成竞争优势，但是这样的论断

[①] Eisenhardt K. M. , Martin J. A. Dynamic capabilities：What are they? ［J］. Strategic Management Journal，2000，21：1105 – 1121.

[②] Teece D. J. Explicating dynamic capabilities：The nature and micro foundations of（sustainable）enterprise performance ［J］. Strategic Management Journal，2007，28（13）：1319 – 1150.

[③] Wei，Shen，The dynamics of the CEO – board relationship：An evolutionary perspective ［J］. Academy Management Review，2003，28（3）：466 – 475.

[④] Williamson，O. E. Strategy research：Governance and competence perspectives ［J］. Strategic Management Journal，1999，20（12）：1087 – 1108.

[⑤] Zahra，S. Sapienza，H. and Davidson，P. Entrepreneurship and dynamic capabilities：A review，model and research agenda ［J］. Journal of Management Studies，2006，43（4）：917 – 955.

在逻辑上存在矛盾，因为对"组织的竞争优势"的评价中就有一项是"适应环境变化的能力"，动态能力与竞争优势之间的关系需要重新定义。

能力在某种意义上可以被看作知识的集合，组织动态能力本质就是改变的能力，而改变的根本原因是隐藏在能力背后的知识不再能够适应环境的变化，能力改变的过程就是组织追寻新知识、创造新知识的过程。基于以上分析，本研究明确将资源界定为知识，并认为在所有资源中，知识资源是最为核心和重要的资源①，动态能力实质上是对知识资源处理的能力；将动态能力的主体单位确定为组织知识联合体——知识链，构建理论框架"动态能力—知识优势—竞争优势"，并从过程视角"知识获取→知识共享→知识创造"描述知识链知识优势的形成路径，然后利用经验实证数据验证动态能力对知识链知识优势的直接作用。本研究的理论贡献在于将动态能力从各种难以琢磨的资源、过程、能力或惯例转变为知识获取、知识共享、知识创造这一具体过程上，构建了知识链知识优势形成的一般路径模型，提高了动态能力的可观测性和可操作性，并通过理论假设和实证研究验证了动态能力与知识优势的关系，进一步证明了动态能力的适用性。

2. 1

基于动态能力的知识链知识优势理论模型

近些年，相关学者已经开始有意识地将知识资源与动态能力结合起来研究，提出动态能力通过基于知识的流程支撑了企业的持续创新②，甚至直接将动态能力定义为一个知识处理的循环过程③。组织动态能力的建立

---

① Grant, Robert M. Towards a knowledge-based theory of the firm [J]. Strategic Management Journal, 1996 (17): 109 - 122.

② Prieto, I., Easter by - Smith, M. Dynamic capabilities and knowledge management-an integrative role for learning [J]. British Journal of Management, 2008, 19 (4): 235 - 2492.

③ Zollo M., Winter S. G., . Learning and the evolution of dynamic capabilities [J]. Organization Science, 2002, 13 (3): 339 - 351.

和发展过程是和组织知识的演变过程相重叠的，组织知识与动态能力的演变是围绕组织核心知识活动（知识获取、知识共享、知识创造）线性进行的，在此过程中，组织的动态能力得到培育，知识优势也得以形成。借鉴以上研究思路，本研究基于能力和过程界定知识链知识优势内涵：知识链获取、共享知识资源，并进行知识创造从而产出高于产业平均的知识水平和知识价值。

由知识链知识优势定义可见，知识链知识优势形成是按照一定的逻辑顺序将知识活动组成顺畅流动的过程，其本质是动态能力发挥作用的结果。知识链动态能力是知识链在不断变化的环境中对内外部知识资源进行处理的过程性能力。动态能力第一阶段表现为对内外部知识的搜寻识别，在第二阶段表现为对新知识的共享吸收，在第三阶段表现为新知识的创造应用，三个阶段呈现前后相继演进过程，前一阶段的顺利完成是后一阶段成功进行的基础。知识链知识优势理论模型如图 2－1 所示。

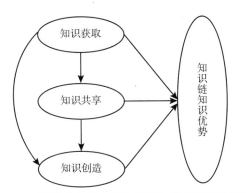

图 2－1　基于动态能力的知识链知识优势理论模型

2.1.1　知识获取

知识资源是动态能力的基础，只有不断地获取内外部知识，知识链动态能力才能得以发挥，进而形成知识优势。知识获取是指知识链确定知识需求，搜寻并获得有价值的知识资源的过程。知识的辨识是知识获取的第一步，知识链首先需要对知识进行定位、评价、过滤、确认，然后通过契约协议、有偿购买等方式将知识链成员或外部网络的知识收集起来，经过分类、组合、集成，把这些知识改造成具备本组织情景的知识，并储存在组织的合适位置。知识获取的关键是显性知识和隐性知识的转换，知识管理者应该扮演"知识工程师"的角色，组建专家网络，将员工头脑中的隐性知识转化为知识链需要的、并可操作化的显性知识，直接应用于组织的决策和运行。

知识获取是动态能力的逻辑起点，获取到更多的知识资源是知识链知识共享和进行知识创造的前提。知识获取能力的高低有时候直接决定着知识链知识优势的形成，尤其对后发组织而言，核心技术是其发展的瓶颈，只有通过获取关键技术知识资源弥补自身的知识劣势，进而产生赶超效应，形成知识优势，才能具备与对手竞争的基本条件。基于以上的分析，提出以下研究假设：

H1. 知识获取显著正向影响知识共享；

H2. 知识获取显著正向影响知识创造；

H3. 知识获取显著正向影响知识链知识优势。

2.1.2 知识共享

由于知识具有消费的非竞争性和受益的非排他性，这就决定了知识共享的实现必须要突破组织、产权的藩篱，知识链正是为了实现组织成员间知识共享的目的而组建。詹妮弗·W. 斯宾塞（Jennifer W. Spencer, 2003）[①] 通过实证研究证明了同其竞争对手分享技术知识，并共享创新系统的公司比未分享知识的公司获得了更高的创新绩效。威廉（William, 2007）[②] 考察

---

① Jennifer W. Spencer. Firms knowledge–sharing strategies in the global innovation system: Empirical evidence from the flat panel display industry [J]. Strategic Management Journal, 2003 (24): 217–233.

② William A., Buelensm. Knowledge Sharing in Public Sector organizations [J]. Journal of Public Administration Research and Theory, 2007 (17): 581–606.

了可以增强或限制各组织间知识共享的公共组织机构的组织特征，认为三种组织协调机制直接影响组织间的知识共享，权力博弈和非正式的协作对知识共享可能起着重要的作用。

一般而言，知识链组织之间知识共享会获得两种收益：协同增效价值和倍增效应价值①。协同增效价值是指由于组织间知识的互补性，通过共享知识链能够创造出大于单个组织知识简单相加之和的知识。倍增效应价值也称杠杆效应价值，指知识链中知识接受方通过发送方的知识输出提高自身的竞争力，在这个过程中，核心企业拥有知识优势，具有较强的知识整合与创新能力，而非核心企业往往是知识被动接受者。

知识共享实质是知识存在和发展的一种状态。知识共享在知识链知识优势形成过程中起着关键作用，它向上承接着知识获取，向下连接着知识创造，知识共享越充分，知识链越能避免由"知识沙皇""知识孤岛"问题带来的损失。有的知识链甚至仅靠知识共享就获得了知识优势，如麦当劳在全球范围内推行的标准生产和刚性管理，把每一个麦当劳加盟店经理送到美国伊利诺斯汉堡包大学进行 1 500 ~ 3 000 小时的培训，用这种知识共享的方法创建了全球品牌优势。基于以上的分析，提出以下研究假设：

H4. 知识共享显著正向影响知识创造；

H5. 知识共享显著正向影响知识链知识优势。

2.1.3　知　识　创　造

知识创造是知识管理的主要目标，它的重要性不言而喻。有学者认为知识创造是组织竞争优势的三大来源之一②。拉切瓦（Ratcheva，2008）③

①　Lu J. Analysis on the dynamic complexity of knowledge alliance based on the evolutionary game theory [J]. Financial Science, 2006 (3): 54 – 61.

②　Eric W. L. Chan, Derek H. T. Walker, Anthony Mills. Using a KM framework to evaluate an ERP system implementation [J]. Journal of Knowledge Management, 2009, 13 (2): 93 – 109.

③　Ratcheva V. The knowledge advantage of virtual teams-processes supporting knowledge synergy [J]. Journal of General Management, 2008 (33): 53 – 67.

基于SECI模型提出了关于虚拟合作的知识创造过程的概念框架。德涅维奇（Drnevich，2011）[①]等认为动态能力包括创意突破、开发新产品、流程再造、核心知识创造等能力。知识创造也是一个过程：知识链成员之间互相学习技能、分享感觉、交流经验，逐渐产生新知识的萌芽，然后将其加以明晰、筛选、修改、丰富，最终建立知识原型。原型就是新知识初步定型的结果，再对原型化的产品放到市场中加以试用、检验，从实践中反馈新知识的不足和缺陷，使之不断完善，具有并保持行业知识领先地位和优势。

知识创造能力培育对后发组织同样具有重要意义。我国高科技工业企业多属于技术跟随型企业，必须通过获取后发优势才能赶超竞争对手，而后发优势的主要来源就是知识创造。后发企业可以利用"免费搭乘效应"，在产品和工艺研发、顾客教育、员工培训、政府审批、基础投资等多方面比先进入企业节省大量投资，同时在生产制造部门、研究与发展部门和营销部门之间形成信息和知识有效转移，加快技术和信息的流动，缩短创新周期，提高企业的技术创新能力，打造创新型企业。基于以上的分析，提出以下研究假设：

H6. 知识创造显著正向影响知识链知识优势。

2. 2

实证研究

2.2.1　样本与数据收集

本研究问卷调查的对象是知识密集型行业，第一类是知识密集型服务

---

① Drnevich, P. L, Kriauciunas, A. P. Clarifying the condition and limits of the contributions of ordinary and dynamic capabilities to relative firm performance [J]. Strategic Management Journal, 2011, 32 (2)：254 - 2797.

行业，包括通信、教育及信息服务行业，第二类是制造行业、高新 IT 企业，包括电子、航空和生物技术行业。本研究用便利抽样方法来选取样本，问卷填写人员主要是企业的总经理、高层管理人员及核心技术人员。在预调查确定问卷和样本抽取之后，于 2009 年 6 ~ 12 月期间，借助省发改委委托学校举办的企业人员高管班和四川大学 MBA 毕业学员进行问卷调查，共发放问卷 300 份，其中电子邮件 100 份，纸质问卷 200 份，问卷总回收 245 份，回收率 81.67%，经筛选有效问卷为 203 份，有效率82.85%。

从抽样结果总体上看，样本企业具有知识密集型特征，符合问卷的设计初衷。考虑到研究对象知识链的链式结构，样本企业以中小企业为主，规模适中，且均与行业内企业有知识互动行为，其中与供应商知识交流两年以上时间的样本企业比例近半成，与客户进行知识交流两年以上时间的样本企业比例也近半成，样本基本情况如表 2 - 1 所示。按照本研究对知识链知识优势的定义，样本企业的特征与本研究的研究对象基本一致。

表 2 - 1　　　　　　　　　样本基本情况

基本特征	样本数量（份）	百分比（%）	基本特征	样本数量（份）	百分比（%）
企业类型			年销售额（人民币）		
成品生产	89	43.8	100 万元及以下	64	31.5
零配件生产	92	45.4	101 万 ~ 1 000 万元	75	36.9
教育	8	3.9	1 001 万 ~ 1 亿元	54	26.6
其他	14	6.9	1 亿元以上	10	4.9
员工人数			研发人数		
300 人及以下	101	49.8	10 人及以下	75	37.0
301 ~ 500 人	56	27.6	11 ~ 50 人	89	43.8
501 ~ 1 000 人	35	17.2	51 ~ 100 人	30	14.8
1 001 人以上	11	5.4	101 人及以上	9	4.4

基本特征	样本数量（份）	百分比（%）	基本特征	样本数量（份）	百分比（%）
与供应商知识交流时间			竞争者数量		
半年以内	19	9.3	1～5 家	78	38.4
半年到一年	30	14.8	6～10 家	66	32.5
一年到两年	58	28.6	11～20 家	40	19.7
两年以上	96	47.3	20 家以上	19	9.4
供应商数量			成立年限		
1～5 家	0	0	3 年及以下	65	32.0
6～10 家	93	45.8	4～5 年	97	47.8
11～20 家	87	42.9	6～10 年	30	14.8
20 家以上	23	11.3	11 年及以上	11	5.4
客户数量			与客户知识交流时间		
1～5 家	0	0	半年以内	24	11.8
6～10 家	45	22.2	半年到一年	28	13.8
11～20 家	136	67.0	一年到两年	53	26.1
20 家以上	22	10.8	两年以上	98	48.3

2.2.2 信度与效度检验

通过对有效回收问卷整理分析，根据研究假设的要求，将问卷共58道调查问题综合成知识获取、知识创造、知识共享、知识链知识优势四个维度。在此基础上，录入问卷数据，利用SPSS15.0软件分析模块中的Reliability功能，计算知识获取、知识创造、知识共享、知识链知识四纬度的量表 α 系数及总信度系数，具体输出数据如表 2-2 所示：

表 2 - 2　　　　　　　　　　　量表 α 信度系数

项目	信度系数	
	项目数量（道）	阿尔法系数
知识获取层面的信度系数	15	0.853
知识创造层面的信度系数	13	0.844
知识共享层面的信度系数	13	0.817
知识链层面的信度系数	17	0.860
58 道项目的信度系数	58	0.836

　　从表 2 - 2 中数据可以得出知识获取、知识创造、知识共享、知识链知识优势四个变量以及问卷的总信度系数都在 0.8 以上，可见知识优势测量题项具有较高的内在一致性。除此之外，将问卷进行整体的 KMO 和 Bartlett 检验（如表 2 - 3 所示），得出 KMO 的值为 0.804，其值大于 0.6；Bartlett 检验值 P 为 0.000 小于 0.001，说明因子的相关系数矩阵为非单位矩阵，即能够提取最少量的因子同时又能解释大部分的方差，该问卷的效度良好。

表 2 - 3　　　　　知识优势影响因素的 **KMO** 与 **Bartlett's** 检验

取样适当性量数检验（KMO）		0.804
巴氏球面性检验（Bartlett's）	卡方检验值	758.558
	自由度	210
	显著性水平	0.000

2.2.3　相关系数分析

　　首先对变量进行 Person 相关分析，来检查变量之间存在的相互影响。该分析只反映变量间相互作用的可能性，而不反映因果关系。模型变量的相关性分析表明理论构建中涉及的变量知识获取、知识创造、知识共享与知识优势相关，初步验证了本研究假设的合理性。

在问卷良好的信度、效度基础上，开始验证本书开始提出的六种理论构建。利用 SPSS 软件模块中的 Multiple Response、Compute、Record、Split File 进行前期的数据整理分析，在此基础上利用分析模块中的 Descriptive Statistics 功能，将知识获取、知识创造、知识共享、知识链知识优势理论构建中涉及的变量进行列联、相关分析及卡方检定，具体输出数据如表 2－4 所示：

表 2－4 变量间关系检定表

需检验的假设	列联相关系数	卡方检验	对应假设	检验结果
知识获取显著正向影响知识共享	= 0.745	$X2 = 30.389$ $(df = 4)$, $p < 0.05$	H1	Y
知识获取显著正向影响知识创造	= 0.347	$X2 = 10.263$ $(df = 8)$, $p > 0.05$	H2	N
知识获取显著正向影响知识链知识优势	= 0.837	$X2 = 56.752$ $(df = 6)$, $p < 0.05$	H3	Y
知识共享显著正向影响知识创造	= 0.730	$X2 = 112.457$ $(df = 8)$, $p < 0.05$	H4	Y
知识共享显著正向影响知识链知识优势	= 0.662	$X2 = 4.891$ $(df = 6)$, $p < 0.05$	H5	Y
知识创造显著正向影响知识链知识优势	= 0.841	$X2 = 78.318$ $(df = 12)$, $p < 0.05$	H6	Y

从数据输出显示可得知，H1、H3、H4、H5 与 H6 假设中，涉及的变量间的关系强，即相关性显著。即知识获取与知识共享、知识获取与知识链知识优势、知识共享与知识链知识优势、知识共享与知识创造、知识创造与知识链知识优势间存在较强联系，并且这种联系在 $p = 0.05$ 的标准

下，比较显著。与此相对应，H2 相关程度低且显著不明显，即知识获取与知识创造关系弱且不显著。因此通过对调查数据的整理与分析，我们可以得出如下结论：在 P 值为 0.05 的显著下，假设 H1、H3、H4、H5、H6 的 P 值都小于 0.05，接受了研究假设；H2 的 P 值大于 0.05，故假设被拒绝。

2.3

研究结论

赫尔法特等（2007）[①] 认为，动态能力是一个组织有目的地创造、延伸或修正它的资源基础的能力。本研究试图打开从知识资源到知识优势的"黑箱"，将知识管理过程、动态能力、知识链知识优势整合到一个研究框架中，从"过程—能力—优势"视角研究三者之间的逻辑关系，提出了动态能力的形成与发展本质上就是知识链知识优势形成过程的观点，其实践意义在于知识链应该如何提升其动态能力并以此来实现知识链的知识优势，参与市场竞争。通过理论模型建构和实证检验，研究发现：

首先，知识获取、知识共享和知识创造均对知识链知识优势形成具有显著正向影响。知识链识别外部关键的、有价值和稀缺的资源，对于知识优势的获取具有显著意义。只有不断地获取外部的相关资源，才能构建基于外部环境变化的适应能力，这种适应能力本质就是一种动态能力。知识链组建的目的之一就是实现组织成员之间的知识共享。知识链通过知识获取发现市场机会之后，可以通过共享不同属性的知识对这些机会进行有效的利用甚至引领市场变革。知识创造是知识链应对市场变化而创造性地使用内外部知识资源的过程，也就是在知识获取和共享基础上将已有知识进行整合和重构以实现新的知识资源组合的过程，知识创造本质上也是一种动态能力。

---

① Helfat C. E., Finkelstein S., Mitchell W., Peteraf M., Singh H., Teece D. and Winter S. Dynamic Capabilities：Understanding Strategic Change in Organizations ［M］. London：Blackwell.

其次，动态能力通过基于知识管理的流程促进了知识链知识优势的形成。知识链知识优势形成的"三阶段"呈现顺序依赖关系，前一阶段的顺利完成是后一阶段成功进行的基础。知识获取对知识共享影响强度很大，知识共享对知识创造影响强度也很大。实证结果也印证了提斯（2007）对动态能力的最新诠释，即动态能力表现为感知（sensing）、获取（seizing）、重构（reconfiguring）资源的能力。知识获取与知识创造之间影响不是很显著，这表明知识获取并不能直接带来知识创造，两者之间需要一定的转化条件，知识共享可能是最重要的中间变量，原因如前分析，知识共享可以获得"1+1>2"的知识价值倍增效应。

最后，知识链管理目的是通过优化组织之间的知识流动过程，实现知识共享和知识创造，从而将各成员的知识优势集成为知识链整体知识优势的决策过程。知识链拥有知识优势并不必然带来竞争优势，知识优势只是获得竞争优势的必要条件。知识优势是知识链的内部特性，可以在短时间内通过较高的知识水平体现出来，而竞争优势则需要在外部产品市场上实现，且持续竞争优势的保持是一个长期过程，两者的转化需要一定的中间变量。知识优势和竞争优势的关系研究目前还是一个空白，打通内部知识产品生产和外部知识价值实现的通道，将组织拥有的知识优势转化为竞争优势，应该从商品市场上实现。

第3章

知识链知识优势形成的路径模型[①]

　　21 世纪是知识经济时代，知识成为最有价值的资产，经济增长正在从依靠物质资源的投入向依靠知识创造转变，美国著名管理学家德鲁克认为："知识成为当今唯一有意义的资源[②]。"然而，与一般商品不同，知识具有消费的非竞争性和受益的非排他性，决定了知识转移和共享的实现必须要突破组织、产权的藩篱，企业需要通过与其他组织之间的合作获取外部知识才能保持知识的更新速度。企业与大学、科研机构、上下游企业甚至竞争对手之间通过知识流动，以实现知识共享和知识创造，这种组织之间的知识流动形成了知识链。

　　知识链是知识经济时代组织之间合作竞争的新形式，未来的竞争将不再是企业与企业之间的竞争，而是知识链与知识链之间的竞争。知识链在竞争中取胜的关键在于形成知识优势。1996 年，普鲁萨克（Prusak）最早讨论了由知识而形成的竞争优势。他认为，如何最快、最有效地利用知识，已成为一个新的分析领域。未来需要解决的是：知识管理是否会成为一种单独的职能，是否值得建立专门的部门来负责知识管理[③]。徐勇（2004）认为知识优势是基于知识与创新的竞争优势，他对知识优势形成过程、消散原因与维持机理进行了研究，总结了知识优势链形成的六种模

①　张省，顾新. 知识链知识优势的形成与评价 [J]. 情报资料工作，2012 (3)：24 - 28.
②　[美] 彼得·德鲁克. 知识管理 [M]. 杨开峰译. 北京：中国人民大学出版社，1999.
③　Prusak L. The knowledge advantage [J]. Strategy and Leadership, 1996, 24 (2)：6 - 8.

式①。顾新认为，知识优势是在知识流动过程中一条知识链相对于另一条知识链所表现出来的优势，知识优势包括知识存量优势和知识流量优势，知识优势来源于知识链在成员已有知识基础上的知识流动过程中的知识共享和知识创造②。罗德里格斯·蒙特斯和乔斯·安东尼奥（Rodriguez Montes & Jose Antonio，2001）通过对医院各个部门的知识存量的测度，认为组织的知识优势来源于其知识存量③。乔希·K. D 和布鲁克斯·J.（Joshi K. D. & Brooks，2004）讨论实体经济的知识流动（知识传递和知识共享）的本质和作用，阐释了技术层面、管理层面、行为层面、组织层面及经济层面的知识流动与知识优势的关系④。吴剑峰和尚利（2009）考察了美国电子医疗行业知识存量、知识扩展和知识优势的关系，并认为知识存量包括知识的深度和知识的广度，二者决定了知识创新的力度。1990 ~ 2000 年美国电子医疗行业的实证数据支持了他们的观点⑤。高丽和冯南平（2010）认为，网络环境下组织间知识交流有利于组织的持续发展以及知识优势的形成，据此他们提出物理空间和网络空间的整合机制和信息连接机制促使网络环境下企业的跨组织知识流动的实现⑥。唐承林和顾新以 Logistic 模型为基础，构建了知识网络的种群生态学模型，研究发现：不同类型的知识链加入共同知识网络，会增加网络的整体知识存量，并促进

---

① 徐勇. 企业知识优势的丧失过程与维持机理分析 [J]. 学术研究，2004（5）：26 - 31.

② 顾新. 知识链管理——基于生命周期的组织之间知识链管理框架模型研究 [M]. 成都：四川大学出版社，2008.

③ Rodriguez - Montes，Jose Antonio. Knowledge identification and management in a surgery department [J]. Journal of International Management，2001（7）：1 - 29.

④ Joshi K. D.，Brooks，J. Knowledge flows：Knowledge transfer，sharing and exchange in organizations，[C]. Proceedings of the 37th Annual Hawaii International Conference on System Sciences，2004，8024.

⑤ Wu J. F.，Shanley. Knowledge stock，exploration，and innovation：Research on the United States electrometrical device industry [J]. Journal of Business Research，2009（4）：474 - 483.

⑥ Li Gao，Nanping Feng. Realization mechanisms based on space for inter-organizational knowledge flow under networked circumstances，[C]. Proceedings of 3rd International Conference on Information Management，Innovation Management and Industrial Engineering（ICⅢ 2010），2010：506 - 510.

知识优势的形成[①]。程强[②]等认为知识链是围绕知识活动，促进知识在各成员之间流动与共享，从而获得知识优势的新型知识组织，知识是维持知识链有效运行和健康发展的核心动力，是知识链获得竞争优势的关键资源。知识链的竞争优势表现为知识链通过知识协同形成的知识优势，并为知识链带来知识增值效应。

由文献综述可见，有关知识优势的研究主要集中在国家宏观战略层面和单一组织内部，知识链作为一种链式结构，其知识优势的形成更具协同性、复杂性，单一组织仅仅是知识链的基本单元或节点，知识链知识优势的形成路径比单一组织更复杂，知识优势维持难度更大。此外，知识链知识优势的评价研究还是一个空白。更为重要的是，相关研究混淆了竞争优势和知识优势，甚至将知识优势定义为基于知识的竞争优势，这不利于知识优势与竞争优势的研究。

本研究基于过程与能力视角来定义知识链知识优势：在一定的知识管理战略选择下，知识链通过获取知识资源，然后在链内成员之间进行知识共享，实现知识创造，而获得超越竞争对手的能力，主要表现为知识链高于产业平均的知识水平和知识价值。知识链知识优势的形成一般遵循固定的路径，知识获取、知识共享、知识创造三大知识活动按照知识管理的基本逻辑依次演进，知识获取是起点，知识共享是关键，知识创造是成果，每一个知识活动既依赖前一活动，同时也是后一活动的基础。三大知识活动又可分为若干知识阶段，几个前后相继的子阶段构成某一知识活动，每个知识活动和其子阶段都具有不同的特点，相应的知识管理策略也需要因此而调整，才能最终形成知识链知识优势。

---

①　唐承林，顾新. 知识网络知识优势的种群生态学模型研究［J］. 科技进步与对策，2010（20）：133 - 135.

②　程强，顾新，全力. 知识链的知识协同管理研究［J］. 图书馆学研究，2017（17）：2 - 7.

3.1

模型构建

知识链可以视为一个开放的、动态的、复杂的自组织系统。知识资源是构成知识链系统的基本节点，每一个节点均与其他节点之间发生着信息交换和知识流动，它们通过复杂的关系组成一个有机的链式结构。每个知识链都有自己的生态位，在知识流动过程中，知识资源及知识链功能在时间和空间上被确定特定位置，避免重复利用和恶性竞争，据此知识链知识优势形成的路径模型可以被刻画为三个层次，每个层次又有几个知识阶段。知识链的自组织性决定了它是一个动态开放的系统，当能量交换达到一定的阈值时，系统就会发生涌现。对知识链知识优势形成而言，涌现就是知识创造。在大量知识共享和吸收后，知识链进入到试错阶段，通过对知识的遗传、杂交、嫁接，并不断地总结、延伸和提炼，最终知识创造成功。根据 Forrester[①] 著名的系统动力学"内生"观点之"系统之宏观行为源自其微观结构"，要分析系统的运行，必须首先研究系统的微观要素结构，因此将知识链知识优势形成的一般路径界定为三个层次，即知识获取层、知识共享层和知识创造层[②]。知识获取层是指知识链对外部知识源进行辨识、收集和改造，使之成为自己所用的知识；知识共享层是指知识链对其获取的知识资源进行重新整理，与知识链内部的知识有机地融合起来，使之具较强的柔性、条理性、系统性，必要的时候需对原有的知识体系进行重构，并以此形成知识链新的核心知识体系并储存起来；知识创造层是指在知识共享的基础上开发、产生新知识，并将新知识应用于经营管理的实践，为知识链创造高于产业平均的知识价值。根据以上的分析，可

---

① Lundvall B. National system of innovation：Towards a theory of innovation and interaction learning [M]. London：Pinter Publications，1992，122 – 134.

② 马国臣. 基于企业团队和员工个体双重视角的知识管理 [M]. 北京：经济科学出版社，2007.

以构建知识链知识优势形成的一般路径模型，如图 3 - 1 所示。

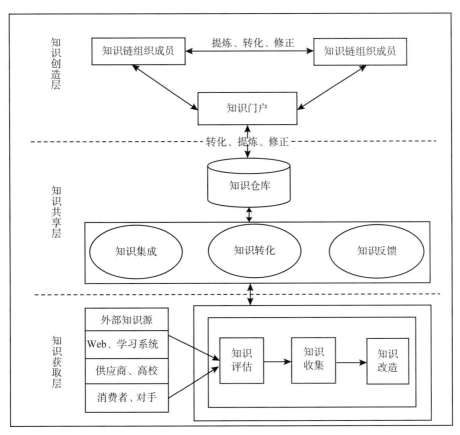

图 3 - 1　知识链知识优势形成的路径模型

3. 2

对模型的解释

知识链知识优势的形成路径是逐级向上的。知识获取层是知识优势的逻辑起点，是知识优势形成的基础，通过获取既包含知识链外部实体性的"知"，如 Web 资源、科研机构等，又包括代表知识链动态能力的"识"，如学习系统、竞争对手等，知识链将自己辨识的知识改造到组织内部，这个层次主要有三个知识活动，分别是知识评估、知识收集、知识改造；知识共享层是知识链优势形成的中间层，主要功能是从"对象"和"过程"两个角度将内外部知识资源整合为满足知识链需求的知识库存，这个层次有三个主要的知识活动，分别是知识集成、知识转化、知识反馈；知识创造层通过对知识仓库的提炼、转化、试错、创新，将新知识加以模型化、产品化，并在市场实践中实现知识价值，从而保持在同行业中的知识优势地位。

3.2.1　知识获取层

知识链的知识获取的外部知识资源从形式上看，包括文本资源、数据库资源、多媒体资源、Web 资源、E – mail 资源及领域资源（如交易数据、业务信息）等，从知识的载体上看，可以区分为独立于组织而存在的资源和不能独立于组织存在的资源①，前者又包括参与者（participants）中的知识和人造知识体（artifacts）中的知识。参与者包括知识链成员、客户、供应商、合作伙伴等，此类知识可以被不同的主体所容纳、带走，因此比较容易流失。人造载体中的知识是指被物化的知识，它本身没有知识的自我处理能力，如公司员工手册、专利文件、设计方案以及公司产品等。这些载体中积淀着大量的知识，竞争对手可以通过反求工程将其中的知识加以解剖，进而威胁到知识链的知识优势，所以此类知识资源也是需要保护的。

不能独立于组织存在的知识资源依附于组织而存在，本身不具备独立性，它们反映了组织的本质属性，可以分为三类：组织文化中的知识、战略中的知识和组织基础中的知识。此类知识具有相对的稳定性，多是一些隐性知识，容易被管理者所忽视。对知识资源层的管理不仅要重视核心员工和核心技术，也要有意识的建立文化、战略、制度知识资源，它们从某

---

① 张文亮，徐跃权. 论知识组织的三个层次［J］. 情报资料工作，2011（1）：41 – 45.

种程度上影响知识整合效果乃至知识优势的实现。

知识链所要做的工作首先是对各类知识资源进行辨识评估，知识评估包括知识需求评估、知识定位和知识确认，它是知识链低成本、高效率获取知识的前提。确定自己所需要的知识后，知识链通过有偿购买、股份转化、合资合作等方式获得外部知识的使用权。接下来知识链对收集的知识进行适当的改造，包括分类、提取、包装、组合等加工工作，知识改造的完成才会使外部知识变成具备本组织情景的知识，知识才正式变成组织的一种资源。

知识链知识获取的具体方式多种多样，包含直接获取与间接获取两类形式。直接获取是指主动参与获取知识的意识或行动，包括 8 种主要活动：①获取数据集；②获取许可的专利与流程；③利用竞争情报寻找机会之窗和获取贸易秘密；④从外部来源索取知识；⑤检查专业文献；⑥监控技术进展；⑦接受外部培训；⑧参与合作获取①。间接获取是通过其他间接行动来获取知识。例如，通过并购和组建知识网络获取目标公司的知识或者知识的使用权。知识获取可以运用一些专业的计算机方法②，如专业头脑风暴应用软件（specialized brain-storming application）可以通过让员工畅所欲言，然后由专家从大量隐性知识中推断、整理出显性知识。在线讨论的数据库也是知识吸收的有效工具，员工往往带着大量的隐性知识参与讨论，所提的问题由少数人进行解答，问题会被准确定义，有用的知识就会显示出来。

3.2.2　知识共享层

知识共享实质是知识存在和发展的一种状态，知识共享是知识创造的基础，知识共享还可以避免重复发明现象，及时发现"知识孤岛"。知识

① 刘谷金，盛小平. 从价值链管理到知识价值链管理——企业获取竞争优势的必然选择 [J]. 湘潭大学学报（哲学社会科学版），2011（9）：76 – 81.

② 林榕航. 知识管理原理［M］. 厦门大学出版社，2005.

共享方式主要有 5 种：①通过人才流动进行转移，既包括组织内横向流动也包括组织间的纵向流动；②召开研讨会，与会人员知识共享；③组建跨部门小组，这是跨国公司经常采用的一种工作方式；④实施标杆管理，传播"最佳实践者"经验；⑤构建信息共享平台，如出版物、BBS 等①。

知识共享决定着知识链的成效，是知识链知识优势形成的关键②。知识共享的第一个阶段就是知识集成。知识链的链式结构决定并不是所有的知识都处于同一重要等级，将知识结构进行等级的划分就是完全必要的。但是，如果各个等级之间的知识的隔离程度过大，势必影响知识链作为一个实体的知识竞争力。在隔离和融合之间应该存在某一个平衡点，这就需要通过知识的集成来实现。

知识转化是知识吸收方将别处共享到的知识加以包装和利用的过程。知识转化既包括知识形式的改变，也包括知识内容的改变，这个过程通常包含了显性知识和隐性知识之间的转换，个人的经验和学识在组织中得到传播，知识的各种主体进一步丰富、细化显性知识，最后通过"干中学"形成新的隐性知识。

知识反馈是指知识链成员将转化后的知识从认知、满意度、知识产品等方面进行评价和核对，包括对合作共享目标的认知、合作共享利益期望、对共享知识的理解差距等。知识链成员之间的认知状况是知识反馈的主要方面，成员企业对合作共享目标的认知往往存在差距，这主要是由于知识共享所要实现目标预期有差距。知识链需要经常性组织培训会、沟通会，使得成员之间的知识期望趋于一致，以提高知识共享的效率。

知识经过获取和共享后，将被储存在知识链的合适位置——知识仓库，知识仓库是在知识整合基础上发展形成的，是面向业务主题的、集成的、可有不同版本的知识集合。知识仓库既对组织认定的知识（业务结果

---

① 吴金希. 用知识赢得优势——中国企业知识管理模式与战略 [M]. 北京：知识产权出版社，2008.
② 姜大鹏，赵江明，顾新. 知识链成员之间的知识整合 [J]. 中国科技论坛，2010（8）：121 - 125.

知识）进行统一管理，也负责对海量历史知识进行统一管理。

3.2.3　知识创造层

知识资源经过整合和改善后，形成了提供给知识链中知识工作者操作知识的界面——知识门户，每个知识工作者都可以根据其工作对信息和知识的具体需求，对其门户进行个性化定制，知识门户支持知识创新[①]。在管理知识门户过程中，知识链成员之间互相学习技能、分享感觉、交流经验，逐渐产生新知识的萌芽，然后将其加以明晰、筛选、修改、丰富，最终建立知识原型。原型就是新知识初步定型的结果，再对原型化的产品放到市场中加以试用、检验，从实践中反馈新知识的不足和缺陷，使之不断完善，具有并保持行业知识领先地位和优势。

需要说明的是，知识链知识优势的形成一般要经过知识获取层、知识共享层和知识创造层三个层次，但是各层每个阶段的知识管理活动并不都遵循模型所暗示的线性过程，往往会以非正式、非预计的方式发生[②]。此外，每个层次以及层次中的知识活动对不同类型的知识链知识优势的形成作用是不相同的，有的知识链比较重视外部知识获取，有的知识链重视内部知识创造与开发，有的知识链甚至仅靠知识共享就获得了知识优势。

3.3

案例分析：A 公司称霸中国 PDA 之谜

A 公司是中国国产掌上电脑市场业内第一品牌，据 2009～2010 年中国 IT 市场研究报告显示，A 公司再次以占绝对优势的市场份额，雄居我

---

① 陆有美，程结晶. 学科知识门户发展的思维视觉探讨 [J]. 新世纪图书馆，2011（5）：23－28.

② 魏斌. 企业获取知识资产的行为结构及模式选择 [D]. 西安交通大学博士学位论文，2003.

国掌上电脑市场第一名，并被评选为"2010年度PDA市场成功企业"。A公司所创造的商业神话，不仅表现在市场营销的战略上，还体现在知识管理（KM）的实践中。具体来说，A公司成功的组建了掌上电脑知识链，并对知识链管理模式进行了大胆的实践和创新，通过对新知识的获取、共享和创造，实现了企业核心能力的战略性知识解决和市场价值的目的性知识解决。

3.3.1 掌上电脑知识链的构建

A公司开发掌上电脑之初，整个行业市场的开发面临比较大的困难，表现在行业众多，需求多样化，对行业应用缺乏深度理解以及开发力量相对不足的问题。对于国内的中小生产商而言几乎没有这个实力，因此，A公司在这个市场上的必须和国外生产商和国内有实力的生产商之间展开合作。行业市场未来竞争的核心点在于对行业市场的理解水平和技术开发、渠道开发的能力，只有掌握了更多的行业资源、知识资源、渠道资源，才能对行业应用市场产生足够的控制力。A公司商务通的研发构建了一个知识链，核心企业由郁金香、西门子、康柏和北大青鸟等组成，微软等供应商也加盟软件研发。

通过知识联盟与整合，即企业间专业知识的相互学习、取长补短、相得益彰，使A公司和国际大企业的专业能力相结合而创造出新的交叉知识，从而形成合作开发、研制、技术转移的集约型发展模式。比如，通过与西门子进行合作技术研发，成功地进入到手机通信市场。他们获得信息产业部颁布的无线电发射设备型号核准证和无线信息终端进网许可证，成为掌上电脑厂商中获得该项许可证的第一家。一年后，一款带有手机通信功能的商务通产品推出上市，在国内PDA厂商中迈出了移动通信的第一步，并发出挑战商务手机的市场宣言。3个月后，他们又以其在Windows CE嵌入式操作系统上强大的应用软硬件开发能力和国际化的技术水平，荣获中国区唯一的"美国微软2002年度最佳合作伙伴奖"。A公司构建的知识链如图 3 - 2 所示。

图 3 - 2　A 公司的知识链构成

3.3.2　A 公司的知识获取

为了辨识同行业、上下游企业的知识，A 公司专门成立了增值合作事业部。该部是 A 公司人员较少的几个部门之一，但却是公司推出产品最多的事业部，目前已经立项的产品就有十余个。之所以能够有如此众多的产品推出，在于增值合作事业部独特的业务模式——合作开发。

A 公司增值合作事业部采用了"增值合作"这种特殊的经营模式，就是收集、利用不同行业的不同知识资源进行整合增值，以"拿来主义"的思路，共同开发行业掌上电脑市场，具体来说就是寻求具有行业背景的软硬件开发商、系统集成商和行业销售商来共同开发和销售面向行业应用的掌上电脑产品。

A 公司增值合作事业部为合作伙伴提供基于 win - ce3.0、mba3.0 和 hot1.0 的知识交流平台，通过这个平台可以改造合作伙伴的知识为自己所用。这三个技术平台都是开放性的，通过 A 公司的技术培训就可以使合作伙伴在这三个平台上进行二次开发，最终与合作伙伴达成利益共享、共同发展的紧密合作知识联盟。

3.3.3　A 公司的知识共享

获取到有用的知识后，A 公司迅速建立有效的组织知识共享机制和文化氛围，不断提高 A 公司的组织知识。例如，在行业应用市场，他们主动把自己的运作模式传授给其他想做 PDA 的小公司，帮助它们开发一系列专用的 PDA 产品，满足不同行业客户的需要。其出让这块"奶酪"的原因，是想尽快分享到这块"奶酪"的"营养"。目前，A 公司与 100 多家公司建立了合作关系，已经商业化地针对行业用户的 PDA 产品，就达二三十种。

A 公司的知识共享基本按照知识收集、知识转化、知识反馈的路径进行的。首先对组织知识进行收集整合分类，降低知识管理成本，提高知识解决效率和效能；其次，通过建立知识地图，迅速找到组织内员工的隐性知识并高效地实现其价值。例如，对烟草行业新产品的开发，他们首先采用模块化的定制方式，把常用和针对行业的各种软件、硬件做成不同的模块：CPU、LCD、内存、硬盘、手写、红外扫描、通信等，由用户根据自己的需求，在各种软件、硬件功能模块中进行合理选择；最后，他们根据客户的反馈要求进行模块重组。这种模块化设计，还可以实现应用软件的持续升级和产品扩展。在竞标过程中，只有他们推出了在零售渠道中原没有的、针对行业应用进行特别配置和开发的机型。

3.3.4　A 公司的知识创造

A 公司的知识创造也是充分利用自己在知识链中知识资源，将员工、企业和联盟的知识调动起来的结果。从组织知识的重要程度来分析，其知识的纵向价值链是沿着一条更接近于行动的方向整合而成的，从数据、信息、知识到智慧。但从其横断面来看，它又是一个知识的横向价值关系的整合，从个人知识、群体知识、组织知识到商业智能，这样所形成的是一个组织的知识价值面。此外，作为一个组织，更应关注与其环境所构成的知识生态系统。于是，他们正确认识到自己在这个知识生态系统中的生态位，并据此进行多维、多层、多向的知识整合，形成一个空间价值体，从而打造自己真正的竞争强势，实现其市场价值。

A 公司不断地创造以知识为基础的智力资本，以提高组织的商业智能，号召员工不仅要共享知识，还要学会创造知识，以"定制资料"业务的诞生为例可以分析其知识创造的思路。"定制资料"是其商务俱乐部开设的一项增值服务，通过在用户的商务通中预先存储用户选定的大量实用资料，使商务通成为用户可随时查阅的电子手册。作为会员，可在商务通各地代理商处享受服务，既可请服务人员代为输入用户选定的资料，用户也可从网络上自己下载，并传输到商务通中。

A 公司构建的知识链取得了一定的成功，获得了在同行业中的知识优势。其知识优势的形成基本遵循知识获取、知识共享、知识创造的路径，商务通掌上电脑的推出可以视为 A 公司知识创造的典范。虽然近几年苹果公司的 IPAD 冲击使得 A 公司的市场份额大量丧失，但其知识链管理的理念和实践仍然值得国内微电子行业乃至其他高科技产业的学习和借鉴。

3. 4

本章小结

（1）知识链知识优势的形成一般需要历经知识获取层、知识共享层和知识创造层三个层次，每个层次中的知识活动之间不完全是线性关系，单独一项知识活动有时候也可以形成知识链的知识优势。针对不同的知识链类型、知识链生命周期的不同阶段，知识链知识管理策略应该有所侧重。

（2）知识链作为组织之间的合作形式，其绩效（知识优势）评价不同于一般的组织绩效评价，知识链知识优势评价指标的设定不仅要着眼于知识这个主要变量，更要考虑知识的载体，如员工、组织的知识绩效；不仅要评价单个成员的知识绩效，更要衡量该成员的绩效对其他成员和整个知识链的影响，所以，知识链成员之间的关系也是评价对象。

（3）本章分析了 A 公司知识链的构建，并从知识获取—知识共享—知识创造三个阶段研究了其知识优势获取的路径。研究表明，高科技企业通过知识链战略获得知识优势一般遵循这个路径，生产出核心知识产品后，A 公司需要思考如何在市场占有、利润获取上下功夫。

第4章

知识链知识优势形成路径的
起点——知识获取

随着知识经济时代的到来，越来越多企业的技术创新活动仅靠封闭式的自主创新已经感到力不从心，尤其是复杂技术创新活动更需要打破组织原有的边界，通过组建知识链（知识联盟）实现知识的扩散效应和放大效应。我国已成立了 TD—SCDMA 产业技术联盟、新能源化工技术产业链、钢铁可循环流程技术创新知识链、煤炭采掘技术开发创新知识联盟和装备制造业技术创新战略联盟等。这些知识联合体一方面关注组织内部知识的整合利用，另一方面努力寻求外部知识环境中的创新知识资源，对我国这样的具备后发优势的国家，获取到先进的知识是实现跨越式发展的重要手段。知识获取是指知识链根据知识需求确定外部知识源中有用的知识，并通过一定的方式将其转换到知识链内部使之成为能够使用的知识的过程。知识获取是知识链知识优势形成的起点，只有通过各种方式获取到丰富的、先进的知识，知识共享才是有源之水，知识链进而才可能实现知识创造。知识获取能力已成为知识链动态能力的一个重要维度，具备这种能力知识链才可以洞察知识环境的变化并做出动态反应，制定出正确的知识管理战略。

4.1

知识链知识获取的动力——知识势差

4.1.1 知识势差对知识链知识获取的促进作用

势差本身是一个物理学概念，它概括的是一类自然规律：物质或非物质的传导具有方向性，即从高势能向低势能传导。知识的传导和扩散也遵循这个规律，知识势差存在绝对化导致知识扩散总是一个方向。知识势差是指在各类知识活动（知识获取、知识传递、知识转换等）过程中的知识发出者与知识接受者之间在知识储量、知识结构和嵌入性方面的差距。

知识发出者和接受者既可以是组织内部的知识主体，如研发部门、营销部门、人事部门，也可以是组织与外部知识环境中的各知识主体，如知识链与外部的科研院所、情报机构、政府单位等。知识势差的存在决定了知识链知识获取只能由知识势能弱的知识主体向知识势能强的主体寻求知识，知识的流动性是单向度的。知识势差对知识链知识获取的促进作用主要体现在如下三个方面[1]：

（1）知识发送方的知识存量决定了知识获取的宽度。一般而言，知识储存量相对匮乏的一方通过各种方式向知识储存量相对丰富的一方获取知识，处在知识链外部知识源中的科研机构、用户企业、情报机构往往储存丰富的理论和实务知识，知识链通过购买、合资、交流等方式获取知识，这些知识的宽度受限于知识发送方知识存量的大小。"孵化器"是众多知识链形态中知识获取的新形式，"孵化器"是以大学为基础的技术创新、知识创新研发地，它能够使"孵化器"内的公司从研究型大学的获

---

[1] 宋保林，李兆友. 技术创新过程中技术知识流动何以可能 [J]. 东北大学学报（社科版），2010（4）：289－293.

取知识，促进产学研知识链的进一步融合。

（2）知识发送方和知识接收方的知识结构决定了知识获取的深度。知识发送方与接受方之间的知识结构越相似，二者所依赖的"技术范式"越具有同构性，越有利于知识获取。例如，拥有数码技术的两个知识链，由于同属一个行业，所拥有的数码技术理论知识和生产技能知识都具有相似性，如果一方向对方寻求新知识或新工艺，双方知识交流的深度高，更有利于知识创新。

（3）知识嵌入性决定了知识获取的强度。知识嵌入是指不同知识主体之间的合作、交流和指导等形式。对知识链而言，科研机构、大学、工业企业、供应商与同行嵌入性程度越高，越有利于获取专利技术和隐性技术秘诀；知识链与终端消费者之间的嵌入性越高，越有利于了解顾客的需求，可以挖掘消费者的消费倾向，能够时刻进行知识创新，使生产紧跟市场，最大限度满足消费者。

4.1.2　基于知识势差的知识链知识获取过程

知识主体之间客观存在的知识势差，形成了一种从高位势知识主体向低位势知识主体的自然压力，压迫着低位势知识主体向高位势知识主体自动靠近并促使知识获取行为的发生。由此可见，知识链知识获取是一个有计划、有目的的知识活动过程，它促使知识势差在时间维度上不断发生着变化，"势差"变为零意味着知识获取的结束。

基于知识势差角度来看，知识链知识获取过程实质就是知识从高位的知识源向低位的知识接收者流动的过程。知识链知识势差分为横向势差和纵向势差，横向势差存在于同行业不同知识链之间，纵向势差则表现在知识链处在上下游的知识位置。因此，知识链知识获取行为发生的条件在横向上表现为高位势的知识链和低位势知识链知识势差；纵向上表现为知识链下游的成本驱动和上游市场需求的拉动导致的知识获取的发生。于是，将会出现高位势知识链"展翅"于前，而低位势知识链跟进于后的"雁行"发展行动，形成了一种"拉动（高位势知识链对低位势知识链）—挤压（低位势知识链对高位势知识链）"效应而导致"产生势差—弥合势差—产生更高势上的势差—弥合更高势上的势差"的动态良性循环①。在此过程中，需要注意：一是处在低位势知识链的需求并不能总是清晰地传递给处在高位知识链，因此知识获取的反馈机制非常重要。二是高位势的知识链发送出来的知识也并不一定能够完全传递给低位的知识链，知识获取还受双方知识背景、知识经验及所处的环境的影响，因此，知识链知识获取的评估工作也非常重要。

4.1.3 知识链知识获取效率分析

知识链知识获取的效果可以用知识获取效率来衡量。根据知识势差理论，处在低位位势的知识链需要获取丰富的知识，并和外部知识源发生关系，因此可以将知识链获取知识效率区分为获取知识的主体数效率和获取知识的丰富度效率。知识链在（0，T）时间段内完成知识获取活动，在此过程中获得的高位势知识主体数为 N^*。

1. 知识主体数效率分析

知识链在时间段 t 内知识获取活动过程中所获得的知识主体数目为 n_t，可以用微分方程表述为：

$$n_t = \frac{\mathrm{d}T_T}{\mathrm{d}t} = Q_t jT_t\left(1 - \frac{T_t}{N}\right) \tag{4.1}$$

在式（4.1）中，T_t 为 t 时刻单位时间内知识链获得的知识主体数；N 表示最终可能获得的知识主体数；Q_t 表示所获取知识的特性；j 表示为线性函数，是知识链所获取知识的期望利润及方差和所需追加投资的函数。

①张睿，于渤，赖胜才. 技术联盟组织间知识转移动因与类型研究［J］. 情报杂志，2010（1）：143－146.

因为整个知识获取过程的持续时间为 T，如果用 N^* 表示知识链最终获取知识主体的总量，则：

$$N^* = \int_0^T n_t \mathrm{d}t \qquad (4.2)$$

知识链平均每单位时间获取知识主体数量（平均效率）n 为：

$$n = \frac{N^*}{T} \qquad (4.3)$$

2. 知识丰富度效率分析

知识的丰富程度可以在二维空间内进行计算，横轴为知识长度，表示知识在本领域内的研究的深度，纵轴为知识宽度，表示知识面所涉及的综合程度，据此，知识链获取知识的丰富度效率可以用知识的长度效率和知识的宽度效率来衡量。

（1）知识长度效率。

单位时间内知识长度效率可以表示为：

$$d_{it} = \eta_{it} I_{idt} \frac{N^*}{T} \big[\theta_d \sum (O_{tjdt} W_j D_j) \big]^{\gamma_d} \qquad (4.4)$$

式（4.4）中，d_{it} 为知识链在单位时间获得的知识长度；I_{idt} 为单位时间知识链 i 为知识获取的成功所做的投入；O_{tjdt} 为单位时间知识链 i 在时间 t 内为从高位势知识源 j 获取知识的努力程度；W_j 为高位势知识源 j 发送知识的愿意程度，D_j 为时间 t 内知识获取双方的知识相似度（差异度）。

从公式可见，知识长度效率受到知识链为知识获取的投入程度、高位势知识提供者的付出努力程度和知识共享意愿、知识主体双方知识的相似度等多因素的影响[①]。

（2）知识宽度效率。

同理可以得到单位时间内知识宽度效率公式：

---

① 余以胜. 基于知识联盟的产业集群企业知识转移机制研究 [J]. 图书情报工作，2010 (12)：112 – 116.

$$b_{it} = \eta_{it} I_{idt} [\theta_d \sum (O_{tjdt} W_j D_j)]^{\gamma_d} \qquad (4.5)$$

将知识长度效率和知识宽度效率合并，可以得到知识链获取知识丰富度为：

$$E = E_i = \int_0^T r_{it} b_t d_t = \int_0^T d_{it} b_{it} b_t d_t (i = 1, 2, \cdots, N^*) \qquad (4.6)$$

从知识链知识获取效率的度量公式可以看出，提高知识获取的效率需要从三个方面入手：首先是知识链本身要为知识获取活动有所投入，做好充分的准备工作，不仅仅是经济投入，社会资本投入也要大；其次是处在高位势的知识主体要有足够的知识发送意愿，由于知识具有准公共物品的性质，知识的交易必须用完备的契约来保证各方的利益，不能出现"公地悲剧"此类产权不清的现象；最后涉及知识主体双方或多方知识背景、组织文化的因素，政府不能拉郎配，而是要着力营造宽松的、积极的知识氛围，让知识相似的主体自动聚集，产生创新集群，产出知识创新效益[①]。

4.2

知识链知识获取的影响因素与路径模式

知识获取研究涉及多个学科领域，较早出现在人工智能领域中，且研究主题多集中在知识获取方法的研究上。将知识获取视为知识过程的研究，例如李景峰和陈雪（2009）[②] 认为知识获取是知识管理流程中的一个重要阶段，对于国有企业而言，知识获取过程中的重要因素包括社会资本、行业与政府的制度性支持等；牛力娟和卢启程（2007）[③] 研究了电子商务企业，他们认为对于电子商务企业而言，知识获取分为数据分类、数

---

① 卢兵，廖貅武，岳亮. 联盟中知识转移效率的分析 [J]. 系统工程，2006 (6)：46－51.
② 李景峰，陈雪. 企业知识获取——以"汾酒股份"为例 [J]. 图书情报工作，2009 (2)：96－103.
③ 牛力娟，卢启程. 电子商务企业的客户知识获取过程研究 [J]. 中国管理科学，2007 (6)：18－20.

据分析、解释与评价三个阶段。随着知识管理的兴起，知识获取研究也逐渐成为知识管理领域研究的热点，研究的主题也比较广泛，主要集中在信息科技领域、经济与管理科学领域，在两大领域中的计算机类、情报类和管理类学科关注最多。另外，医疗卫生、农业等学科领域也有所涉及，说明知识获取研究已逐步向其他领域渗透。其中知识获取影响因素研究：李纲和刘益（2007）[1] 从组织学习与产品创新的关系出发，分别讨论了知识共享、知识获取以及它们的交互作用对产品创新的影响，并提出了相应的理论命题。李自杰等（2010）[2] 选取中外合资企业为研究对象，通过引入沟通及媒介渠道等中间变量，探讨了信任对知识获取的影响机制。喻晓和陈浩然（2011）[3] 建立了两种不同的市场导向通过外部知识获取促进企业自主创新过程的研究框架，从理论上分析了两种不同的市场导向通过外部知识获取促进企业自主创新过程的异同。范钧和王进伟（2011）[4] 通过对浙江省内 209 家样本新创企业的问卷调查和结构方程模型分析，研究发现：网络能力各维度对隐性知识获取均有显著正向影响；隐性知识获取对新创企业成长绩效均有显著正向影响；网络能力中的网络规划能力和网络运作能力对新创企业成长绩效有直接正向影响；网络配置能力和网络占位能力则通过影响隐性知识获取而对新创企业成长绩效产生间接正向影响。杨隽萍和唐鲁滨（2011）[5] 基于社会网络理论、企业知识理论及前人相关研究，对浙江省新创企业创业者及其社会网络的特征进行了详细分析，并基于知识获取和转化探讨了创业者的社会网络对新创企业绩效的影响。樊

① 李纲，刘益. 知识共享、知识获取与产品创新的关系模型 [J]. 科学学与科学技术管理，2007（7）：103 - 107.

② 李自杰，李毅，郑艺. 信任对知识获取的影响机制 [J]. 管理世界，2010（8）：179 - 180.

③ 喻晓，陈浩然. 市场导向、外部知识获取与自主创新关系研究 [J]. 科技进步与对策，2011（12）：75 - 78.

④ 范钧，王进伟. 网络能力、隐性知识获取与新创企业成长绩效 [J]. 科学学研究，2011（9）：1365 - 1373.

⑤ 杨隽萍，唐鲁滨. 浙江省创业者社会网络对创业绩效影响研究 [J]. 情报科学，2011（12）：1877 - 1881.

钱涛（2011）[①] 基于 1995～2007 年的面板数据，分析了中国高技术产业在外部知识获取对于创新绩效的影响机制。舒成利（2015）[②] 等结合组织学习视角和知识基础理论，基于 205 家联盟企业 410 份样本数据进行实证研究，结果表明联盟企业单独及同时开展探索性学习和应用性学习均会促进其从合作伙伴处获取知识，而知识获取能够帮助企业提升创新绩效。刘学元（2016）[③] 等基于社会资本和知识管理理论，探讨了在中国关系社会背景下社会资本与创新绩效之间的关系，检验了知识获取对二者关系的调节效应，揭示了供应链管理中社会资本对创新绩效的影响机制以及知识获取在创新中的重要作用。余红剑和喻静娴（2017）[④] 认为新创企业知识获取以其原有的知识为基础，主要包括需求产生、渠道分析、知识搜寻、价值判断、知识获得、消化吸收等环节，得出新创企业知识获取主要受其知识吸收能力、社会资本等因素的影响，因此，应通过提高吸收能力，加强对社会资本的开发与利用等对策来促进新创企业的知识获取。杨保军（2018）[⑤] 基于回族老字号企业的 239 份样本数据分析，得出以下结论：外部知识是促进品牌进化的重要知识来源，外部知识获取基于品牌进化提高营销绩效；企业外部知识的获取对品牌进化产生显著的正向影响；企业合作伙伴和竞争对手的技术创新知识、市场知识提升了品牌运营能力，来自顾客的品牌知识促进企业品牌形象不断提升，加强外部知识管理将显著提升企业品牌进化水平。研究结果表明企业不仅直接从外部获取知识还可以借助本地网络间接获取外部知识。不同类型知识的转移方式是不同的，总体上知识的异质性程度越高，知识转移的方式就会越复杂。

① 樊钱涛. 知识源、知识获取方式与产业创新绩效研究 [J]. 科研管理，2011（7）：29－35.

② 舒成利，胡一飞，江旭. 战略联盟中的双元学习、知识获取与创新绩效 [J]. 研究与发展管理，2015，27（6）：97－106.

③ 刘学元，刘璐，赵先德. 社会资本、知识获取与创新绩效：基于供应链视角 [J]. 科技进步与对策，2016，33（4）：119－126.

④ 余红剑，喻静娴. 产业集群内新创企业知识获取研究 [J]. 科学管理研究，2017，35（5）：87－90.

⑤ 杨保军. 外部知识获取、品牌进化与营销绩效实证研究 [J]. 企业经济，2018（1）：44－50.

本研究从分析知识链知识获取的影响因素入手，找出知识链成员自身特点、知识链成员之间关系、知识链作为知识链联盟特征三者对知识获取的影响，并在此基础上构建知识链知识获取的路径；通过比较知识链知识获取的不同模式，找出各种模式的适用范围；从技术角度定义知识链知识获取，介绍了新兴的知识获取技术：数据挖掘、Web 挖掘、文本挖掘，并分别结合银行业、电子商务、网络新闻的知识获取案例探讨了三种挖掘技术的应用，尝试为我国的知识链管理实践提供一个技术思路。

4.2.1　知识链成员特点对知识获取的影响

技术创新和技术战略研究表明：企业已经越来越倾向于采用知识获取战略获得所需要的技术知识，但知识管理实践也表明：当企业致力于本身能力提高时，向外寻求新知识也存在着一些重大的障碍，例如现有的学习能力有可能无法与在获取外部新知识时所必然涉及的资源转移和知识转移所必需的能力相匹配。德邦特（De Bondt，1996）[①] 对组织理论关于知识溢出与内部研发相关性的研究成果进行了总结：知识溢出的存在使得技术拥有者不能够完全获得投资收益，因而减少了知识来源方研发投入的愿望，知识溢出也降低了知识接受者对研发投入的动机。而科恩和利文索尔（Cohen & Levintha，1990）[②] 的研究却证实企业吸收能力对外部新知识获取的效果有直接影响，企业的知识存量是有效吸收知识溢出的重要阈值，因而知识溢出的存在增加了企业内部研发投资的动机。

这些看似相互矛盾的结论显示出企业自身的能力特点对知识获取产生重大的影响。当知识链成员试图从知识链外部知识源获取知识时，自身的学习能力（learning capacity）显得非常重要，学习能力是企业"识别、评

---

① De Bondt. Spillovers and innovative activities [J]. International journal of industrial organization, 1996（15）: 1 - 28.

② Cohen, Levintha. Absorptive capacity: a new perspective on learning and innovation [J]. Administrative science quarterly, 1990（35）: 128 - 152.

价与吸收相关资产"的能力，该能力可能会解决知识获取"失灵"的问题。如果说学习能力是被动能力的话，那么知识链成员的学习动机便是一个主动能力，学习动机强可以使企业产生"组织记忆"，用以将获取的外部知识存储于组织文化、组织结构、组织场域中，可以形成提高组织决策的知识集合。以学习能力和学习动机为基础构成的学习活动可以别理解为"以知识为基础的重构竞争力的活动"。基于以上知识链成员特点对知识获取的影响分析可以得到命题 1 与命题 2：

命题 1（H1）：学习能力强，有利于企业知识获取。

命题 2（H2）：学习动机强，有利于企业知识获取。

4.2.2 知识链成员之间关系对知识获取的影响

信任对知识链来说至关重要。知识链成员之间的信任关系可以减少监督成本，信任鼓励了知识链伙伴之间的公开交流以及分享信息，企业更愿意和信任的伙伴交换信息，高度信任的氛围为企业提供了更多的学习机会。尤其在中国这样一个充满关系契约、依赖非正式制度的国家，信誉机制不但对提高经济效率、刺激经济增长有重要意义，而且在一定程度上还能够弥补法治的不完善，纠正政府的缺位与失灵。这意味着，对知识链和其他组织而言，应该通过各种方式保护信誉形成机制和传递机制。信誉有时候也是一种心理激励，卡拉·欧戴尔和杰克逊·格雷森（Cara O'Dell & Jockson Grayson，1998）① 证实了因为人们渴望被当作专家与伙伴，他们愿意将其最好的知识共享出来。因此知识链成员之间一旦建立了信任关系，企业更可能获取知识。

命题 3（H3）：知识链成员之间信任度高，有利于知识获取。

知识链获取的知识，按照其性质可以分为科学知识和技术知识。科学

---

① Carla O'dell and C. Jackson Grayson. If only we knew what we knew: The transfer of internal knowledge and best practice. [M]. New York: The Free Ptess, 1998.

知识，主要是指基础性知识，其作用在于发现自然和社会的规律。技术知识是将科学知识的应用于市场相关，目的是给企业带来经济利润。科学知识和技术知识在技术创新过程中同等重要。对知识链而言，成员之间的知识具有相似或互补的特点，这体现了成员之间的知识关系特点。本研究从知识属性维度将知识区分为科学知识和技术知识，从知识关系维度将知识区分为知识相似和知识互补，考察知识链成员间知识关系的特点对知识获取的影响。

如果知识链成员在科学与技术知识上存在相似性，那么它们就拥有相似的知识背景，这有利于成员之间的知识交流，同时也降低了学习成本，缩短了成员的学习曲线。科学知识的相似可以激励知识链成员更准确预测未来研究的准确性，也使得知识链更加紧密；技术知识的相似性可以使知识链要解决的技术难题聚焦于相同的某个较窄的知识领域，以加快知识产品的研发和进一步的市场化。基于上述分析可以得到命题 4a 与命题 4b：

命题 4a（H4a）：知识链中组织间科学知识相似程度高，有利于提高组织的学习能力。

命题 4b（H4b）：知识链中组织间技术知识相似程度高，有利于提高组织的学习能力。

如果知识链成员在科学与技术知识上存在互补性，那么它们有可能为彼此间的学习付出更多的努力，提高了学习成本。另外，互补性的知识可以拓展研究领域，更有可能导致创新的突破。科学知识的互补性可以协调研究人员的兴趣和目标，增强知识链成员之间的学习动机；技术知识的互补性直接作用于产品和市场，可以增加产品的附加值，拓宽市场的边界，提高知识链成员的收益。通过分析互补性和学习动机的关系可以得到命题 5a 和命题 5b：

命题 5a（H5a）知识链中组织间科学知识互补程度高，有利于提高组织的学习动机。

命题 5b（H5b）知识链中组织间技术知识互补程度高，有利于提高组织的学习动机。

如果知识链组织之间科学或技术知识相似程度较高，为了实现知识创造的目的，知识链中的成员便可以构建强关系的知识网络，增加对合作关系的资源投入。因为彼此知识经历相同，知识背景相似，所以能更容易形成共同的行动标准，从而降低了成员之间的交易费用，提高知识的共享水平和创新生产率。在这个相互学习的过程中，知识链成员之间的合作关系得到发展和巩固，逐步建立信任关系从而提高知识链的运行效率。基于以上分析可以得到命题6a和命题6b：

命题6a（H6a）知识链中组织间科学知识相似程度高，有利于提高组织间信任程度。

命题6b（H6b）知识链中组织间技术知识相似程度高，有利于提高组织间信任程度。

知识链组织之间科学或技术知识互补程度较高互补为知识链带来了重新组合和颠覆创新可能性。互补性知识大多是隐性知识，通常蕴藏在组织的实践和文化之中，具有高度的黏性，只有成员之间经常性的面对面交流、手把手传授，隐性知识才有可能实现顺畅流动。在这个过程中，组织需要建立信任机制和信任文化，通过成员间的信任关系来谋求知识链整体利益的最大化。基于以上分析，可以得到命题7a和命题7b：

命题7a（H7a）知识链中组织间科学知识互补程度高，有利于提高组织间信任程度。

命题7b（H7b）知识链中组织间技术知识互补程度高，有利于提高组织间信任程度。

4.2.3 知识链自身特点对知识获取的影响

知识链中的任何一个组织均呈辐射状与其他众多组织之间发生知识流动，每个组织都是链中的一个节点，众多知识链交织成复杂的网链式结构。知识流动在这种网络中发生，流动的强度和水平越高，知识链的效率越高。知识链成员关系的实质就是知识联盟，成员关系的紧密程度直接影响着知识获取的效果。

知识链由拥有不同知识资源的组织构成。这些组织包括：核心企业（知识盟主）、大学、科研机构、供应商、经销商、客户甚至竞争对手。从组建的目的看，知识链可以分为项目导向型、技术导向型、市场导向型等类别，不同的类别决定了知识链知识获取的用途。一般来说，获取知识的非商业化用途会使得知识链成员之间的利益冲突减少，知识获取活动更容易发生，如大学和科研机构的知识交流往往更频繁，而企业之间的知识、技术交流就更少些。冲突较少，联盟中企业更易知识获取。基于上述分析，可以得到命题 8 和命题 9：

命题 8（H8）知识链中成员关系越紧密，则企业越容易知识获取。

命题 9（H9）知识链的商业导向越弱，则企业越容易知识获取。

知识链成员间紧密的关系为联盟成员相互接触、沟通创造了更多的机会。通过频繁的接触，成员间建立的关系将有别于通过市场交易所建立的关系。多次接触的重复博弈过程中，一方面，联盟成员将发现信任对方可能是最好的选择；另一方面，联盟成员希望建立自身声誉为对方所信任。知识链的商业导向弱，联盟成员之间直接的利益冲突将较少，联盟成员在向共同的目标努力时，将获得不同的收益。这种较少的利益冲突，一方面，使联盟成员放松警惕，能够比较信任合作伙伴；另一方面，联盟成员之间的关系可能更趋向于合作而不是竞争。基于上述分析，可以得到命题 10 和命题 11：

命题 10（H10）知识链中成员关系越紧密，则企业越容易与联盟成员建立信任关系。

命题 11（H11）知识链的商业导向越弱，则企业越容易与联盟成员建立信任关系。

综上所述，可以建立知识链知识获取概念模型路径图，如图4－1①所示。

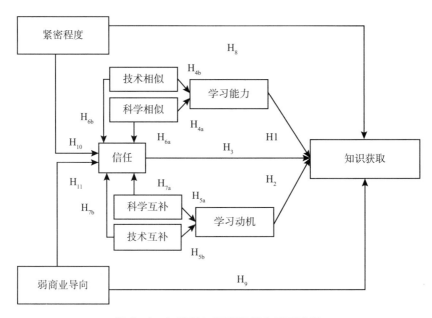

图4－1　知识链知识获取概念模型路径

4.3

知识链知识获取的模式

随着知识管理在管理理论和实践界的兴起，知识获取也逐渐成为知识管理领域研究的热点，学者大都将知识获取从内部获取和外部获取两个角度进行分析，而知识链知识获取只涉及后者，因为通过外部知识源获取知识是知识链知识优势形成的前提。梳理近几年知识获取的研究成果发现学者们主要关注的是知识获取的基础理论、框架模型、影响因素等领域，本

---

① 李芸，王道勋，万兴.技术联盟中的企业知识获取研究［J］.统计与决策，2011（11）：57－60.

研究的目标是分析知识链知识获取的不同模式，并对其进行比较，找出各种模式的适用范围。

4.3.1　知识链知识获取模式分类

从不同的标准出发，知识链知识获取的模式可以有多种分类。按照获取的对象划分，知识获取可分为数据获取、技术获取、人力获取等；按照获取的渠道划分，知识获取可分为市场购买、技术援助、合资合作等。本研究从知识获取的属性划分，将知识链知识获取划分为知识扫描模式、市场交易模式、契约协作模式。

1. 知识扫描模式

知识扫描模式是指知识链利用现代搜寻工具，有目的、有意识的获取外部知识的工作方式。知识链运用知识扫描模式获取知识的具体方式主要有：使用专利数据库、参加专业学术会议、利用媒体出版物、知识反求工程、调查消费者、监测竞争者、挖掘网络资源等。

对知识链而言，专利是获取知识的捷径，专利数据库可以为相关行业的使用者提供关于具有潜在商业价值的研究领域以及专利转化为产品的研究方法等专业知识。公开出版和内部传播的科学、商业期刊也是获取知识的常用途径。一般情况下，各类出版物不但比专利更容易获得，而且提供的知识量比专利更多。知识反求工程是通过对市场流通的产品，或从其他正规合法渠道获得的产品进行拆卸、测绘、模仿、改装，从而反推出产品的技术和工艺的行为。国产汽车的领军人物比亚迪就是运用知识反求工程的成功者。由于获得行业核心专利的成本极高，而专利的申请人无权禁止他人运用知识反求工程获得其技术秘密，因此知识反求工程是知识链合法获得他人知识技术秘密的重要手段。知识链往往建立自己的商业调查中心，利用问卷和网络技术掌握消费者的消费倾向，同时对竞争者进行合法的检测，保证知识的更新速度和质量。互联网时代，成功的组织必须学会利用网络资源，从因特网获取知识是知识链收集商业科技知识有效快捷方式。

2. 市场交易模式

市场交易模式主要分为组织间合并收购和直接知识购买两种知识获取方式。知识链为了迅速获得显性知识如技术、工艺、员工手册、管理制度，往往采用合并收购的方式。并购给知识链带来最新的研发资源和成果，这不但能够快速提升整个链条的创新能力，而且还可以迅速拥有并购目标企业已经建立的知识网络和社会网络。

广义的直接知识购买不但包括购买技术、设备，专利等知识载体，也包括了猎头、引进高级知识技术人才。通过市场交易获得的技术许可能够加快新产品的开发速度，节省研发成本，减少投资和市场风险。直接购买生产技术或高级设备已被实践证明能够对业绩产生积极影响，例如，改革开放之初我国从美国、德国等制造业强国重资引进的轧钢生产线，大大提高了产业升级速度，提升了整个行业的竞争优势。通过高薪引进人才不但迅速获取了先进显性知识，更重要的是知识载体——人才还会带来价值难以估量的隐性知识，口口相传的知识扩散效应巨大。国家制定的"人才强国"战略正是基于此考量，企业之间频频的"挖人""猎头"常见报端，挖的实质不是"人"，而是"知识"。

3. 契约协作模式

契约协作是知识链知识获取的常用模式，知识链盟主常常与政府、科研机构、高等院校直接或通过第三方签订契约，以知识共享和优势互补为前提，明确协作目标、协作期限和协作规则，双方共同投入、共同参与、共享成果、共担风险。按照对象是否形成法人实体划分，契约协作模式的可具体分为联合研发、合资和联盟三种。

联合研发是指知识链与科研院所、政府资助研究机构、民营咨询机构等在一个具体科研项目通过契约形式进行的共同研发，参与项目的诸多机构知识松散的知识联合体，并不具备新的法人实体资格。当某些项目研发的不确定性较大或利益分配较模糊，知识链知识获取也会采用与其他组织合资的形式，由知识盟主出资建立一个新的公司，合作方参股或注资参与知识合作，根据出资额大小控股经营或按照契约形式进行合作。在项目完成之前较长时期内会形成新的法人实体，因此需要指定法人代表并选举管理层。知识链与其他知识主体进行联盟可以分为垂直联盟和水平联盟两种。垂直联盟的对象是上下游企业如经销商、供应商甚至是顾客；水平联盟的对象是同行业竞争者或行业龙头企业。联盟的战略目标是实现"协同竞争"，既不丧失自身的知识独立性，同时也能获得知识溢出的正效应。

4.3.2　知识链知识获取模式的比较分析

知识链一般通过知识扫描模式、市场交易模式、契约协作模式获取外部知识，这三种模式各有其优点和缺陷，将其进行比较分析，可以看出各自的适用范围和时机。知识链知识获取模式的比较分析如表 4 - 1 所示。

表 4 - 1　　　　　　　　知识链知识获取模式的比较分析

知识获取模式	优点	缺陷
知识扫描模式	信息来源广、渠道多；获取知识的成本低、速度快；能跟踪知识发展动向，及时发现有竞争潜力的新知识、技术和信息	获取知识的深度受到局限；容易获取冗余的知识；知识噪音比较大；不利于隐性知识的获取；难以形成自主知识开发能力
市场交易模式	能快速实现技术升级和市场跨越；节约人员和设备成本；交易费用低；不存在机会主义风险；后期的知识活动比较容易展开	难以获得隐性知识；谈判及购买成本较高；不利于自主知识开发能力的形成；可能产生技术依赖
契约协作模式	有利于隐性知识的转移；共担成本与风险；利益分配清晰；知识共享充分；提高创新速度与效率；快速进入新技术领域	知识来源面窄；数量有限；难以获得高级知识；存在机会主义及关键知识外溢风险；交易成本高；组织之间需具有互补专长

资料来源：根据刘锦英（2007）① 改编整理。

---

① 刘锦英. 知识获取模式研究 [J]. 科技进步与对策，2007（8）：149 - 152.

如表 4 - 1 所示，通过知识扫描模式，知识链不但可以搜集到行业内或相近行业基本的技术知识进展情况，还可以及时获取到具有潜在知识优势的新知识、新技术。知识扫描方式对知识信息源全面撒网，获取的知识来源广、渠道多、种类全，而且成本低、速度快、效率高，但是以扫描方式难以获取到隐性知识，对知识的筛选也需要大量的工作，由于难以挖掘到深度知识，所以知识链仅通过这种方式难以形成自主知识开发能力。对于研发经验缺失或研发经费不足的知识链来说，通过市场进行直接交易购买采购知识专利、产权、人才，不失为一种可取的知识获取模式。尤其当核心知识是可以编码的、标准的，并且存在多个无差别的、易得的知识源，通过市场方式获取知识是最便利的。市场交易模式也存在自身的不足，如难以购买到隐性知识、需要较高的谈判及购买成本、可能会产生技术依赖、不利于自主知识产权研发能力的形成等。契约协作模式可以让合作双方共担知识创新的成本与风险，加快隐性知识和嵌入性技术的共享，形成研发规模优势，互补知识短板，促进组织间知识流动，实现不同知识主体协同效应，获得单个组织无法获得的范围经济和规模经济。契约协作模式的缺陷在于合作伙伴的选择困难较大，由于对彼此的合作互补能力缺乏了解，而且还面临着核心知识外溢问题，所以有许多知识链担心被合作伙伴免费"搭知识便车"导致失去知识的独占性，宁愿选择"闭门造车"也不愿进行协作创新。

4. 4

知识链知识获取的技术实现[①]

知识链在竞争中取胜的关键在于形成知识优势[②]。一般而言，知识优势的形成路径是从知识获取到知识共享，最后是知识创造。可见，知识获

---

① 张省，顾新. 知识链知识获取：技术实现与应用举例 [J]. 图书与情报，2012（6）：73 - 76.

② 张省，顾新. 知识链知识优势的形成与评价 [J]. 情报资料工作，2012（3）：24 - 28.

取是知识链知识优势形成的逻辑起点，它使知识链与外部知识网络形成动态沟通，是知识管理活动的基础和前提。通过对近十年知识获取相关文献的梳理后发现，学者对知识获取的研究主要集中在知识管理行为和人工智能技术两个领域。将知识获取界定为知识管理行为的研究主要有：李纲和刘益（2007）构建了知识共享、知识获取与产品创新的关系模型，并认为内部知识共享与外部知识转移都会促进企业的产品创新[①]。李随成和高攀（2010）构建了基于供应商网络的制造企业知识获取的框架，从知识类型、制造企业、供应商、供应商网络和协调机制四个角度对制造企业知识获取进行理论分析[②]。苏敬勤和林海芬（2011）认为管理者所嵌入的社会网络通过提供广泛的多元化知识链接带来显著知识获取优势，促使管理者凭借网络影响力产生经济效益，从而成为管理创新知识获取的重要渠道[③]。杨保军（2015）[④] 选取回族老字号作为研究对象，通过研究回族老字号品牌的实证数据，可以解释外部知识获取、品牌进化与营销绩效的关系，从而探索回族老字号品牌进化路径，提出相应的管理对策。熊捷和孙道银（2017）[⑤] 结合我国产学研合作管理实践，构建了企业各维度社会资本对技术知识获取及产品创新绩效影响的理论模型，验证了企业社会资本、技术知识获取、产品创新绩效之间关系的理论逻辑。

与将知识获取当作组织知识管理一个既定行为不同，计算机科学、情报学领域的学者将知识获取当作人工智能技术来研究，胡思康和曹元大（2006）描述了一种基于类自然语言理解的 Web 文本知识自动获取技术[⑥]。

① 李纲，刘益．知识共享、知识获取与产品创新的关系模型 [J]．科学学与科学技术管理，2007（7）：103－107．

② 李随成，高攀．影响制造企业知识获取的探索性因素研究——供应商网络视角 [J]．科学学研究，2010（10）：1540－1546．

③ 苏敬勤，林海芬．管理者社会网络、知识获取与管理创新引进水平 [J]．研究与发展管理，2011（6）：25－34．

④ 杨保军．外部知识获取、品牌进化与营销绩效实证研究 [J]．企业经济，2018（1）：44－50．

⑤ 熊捷，孙道银．企业社会资本、技术知识获取与产品创新绩效关系研究 [J]．管理评论，2017，29（5）：23－39．

⑥ 胡思康，曹元大．Web 网页知识获取技术 [J]．北京理工大学学报，2006（12）：1065－1068．

牛力娟和卢启程（2007）探讨了电子商务企业客户数据的主要来源渠道和电子商务企业获取客户知识的基本过程①。周翼等（2010）拓展了知识获取的广度和深度，并提出采用向量空间模型的夹角余弦算法对知识进行挖掘处理②。姚金国和代志龙（2011）利用自然语言处理技术，设计并实现一个针对化学科技文献进行分析的知识获取系统，并对其关键技术进行分析③。刘征等（2011）提出了面向概念设计过程的隐性知识获取方法，并以获取闪存 U 盘隐性知识为例，验证了知识获取方法④。本研究从技术角度定义知识链知识获取，集中介绍新兴的知识获取技术：数据挖掘、Web 挖掘和文本挖掘，并结合具体的知识获取案例探讨了知识挖掘技术的应用，尝试打通知识管理领域的技术障碍，为我国的知识管理实践提供一个技术解决框架。羊柳（2018）⑤ 等从知识内容角度对设计过程知识获取需求进行分析，结合访谈调查法和研究设计的双层流程获取模板对设计过程知识获取实验进行设计，采用访谈调查法初步获取组织内隐性的设计过程知识，利用双层流程获取模板进一步对设计过程知识进行模块化处理。

4.4.1　知识链知识获取技术

知识链知识获取是指将用于问题求解的知识从知识源中抽取出来，并转换成计算机可执行程序，最终储存到知识链内部的过程。知识链组建的目标就是从外部知识源中获取有用的知识，知识源具有多样性，包括数据

---

① 牛力娟，卢启程. 电子商务企业的客户知识获取过程研究［J］. 情报杂志，2007（6）：18－20.

② 周翼，张晓冬，郭波. 面向产品创新设计的网络知识获取及挖掘［J］. 现代制造工程，2010（6）：20－23.

③ 姚金国，代志龙. 基于文本分析的知识获取系统设计与实现［J］. 计算机工程，2011（2）：157－159.

④ 刘征，鲁娜，孙凌云. 面向概念设计过程的隐性知识获取方法［J］. 机械工程学报，2011（7）：184－191.

⑤ 羊柳，傅柱，王日芬. 概念设计中的设计过程知识获取研究［J］. 数据分析与知识发现，2018，2（2）：29－36.

库、人类专家、文献等。目前尚无通用的知识获取方法，互联网时代的知识获取技术主要是数据挖掘、Web 挖掘和文本挖掘。

1. 数据挖掘技术

数据挖掘（data mining）是指从大量随机的、模糊的、未知的数据中提取潜在有用的信息和知识的过程。数据挖掘的目的是从复杂数据中发现相互联系和内在规律，从无知中找出真知，从无序中找出有序，以用于商业分析和科学研究。例如，医学研究成员尝试从成千上万病历中找出某种疾病病人的共同特征，从而为治愈这种疾病提供一些帮助。数据挖掘有一些同名词，如数据开发、知识挖掘、数据采掘等。

相对于传统的数据库查询系统，数据挖掘技术拥有自身明显的优势。首先，数据挖掘不是利用严格的 SQL 语言来描述，因此可以随机、即时、灵活地使用；其次，数据挖掘过程一般基于统计规律，不一定生成严格的结果集，因此能够对决策提供更优质的信息；最后，数据挖掘不仅可以对数据库原始字段进行查询，还可以在数据的不同层次上进行挖掘。目前的正在研制的数据挖掘软件是第四代，它的主要特点是将数据挖掘和移动计算相结合，它能够挖掘移动系统、嵌入式系统和各类计算设备产生的数据。

数据挖掘质量取决于算法的设计。比较通用的算法包括：主成分分析法、粗糙集法和决策树法。主成分分析也称主分量分析，旨在利用降维的思想，把多指标转化为少数几个综合指标。它的任务是使数据阵简化，用较少的变量去解释原来数据中的大部分变异。主成分分析法适用于大样本的量化评估分析。粗糙集法的优势是无须提供问题相关的数据以外的任何信息，适合发现数据中隐含有用的规律。粗糙集的步骤是先通过对条件属性的约简，即从决策表中消去某些列，然后消去重复的行和属性的冗余值，将不精确或不确定的知识用已知的知识库中的知识来（近似）刻画。决策树法利用一种树形图作为分析工具，用决策点代表决策问题，用方案分枝代表可供选择的方案，用概率分枝代表方案可能出现的各种结果。由于该方法计算损益值，因此常用于风险分析决策。

2. Web 挖掘技术

Web 挖掘是数据挖掘技术在 Web 技术中的应用，它是指利用数据挖掘技术在 Internet 上的资源中发现潜在的、有用的信息或模式。与传统数据挖掘不同的是，Web 挖掘的数据以 TB 数量计算，既有数位型（整型、实型）、布尔型，又有性质描述数据、分类数据以及 Web 特有的数据类型如 url（网页）地址、E – mail 地址等。因此很难直接对 Web 网页上的数据进行挖掘，而必须经过必要的数据处理。典型的 Web 挖掘处理流程如下[①]：

①查找资源：从目标 Web 文档中寻找数据；②信息选择和预处理：从取得的 Web 资源中剔除无用信息，进行必要的分类整理；③模式发现：在同一个站点内部或在多个站点之间自动进行模式发现；④模式分析：验证、解释上一步骤产生的模式，该任务可由机器单独自动完成，也可与程序人员交互完成。

根据用户对 Web 数据的需求程度的不同，Web 挖掘一般可分为 3 类：内容挖掘、结构挖掘和用法挖掘。Web 内容挖掘是指从 Internet 上文件（文档、图像、音频、视频等）获取有价值的信息和模式。Web 结构挖掘是指从 Web 站点组织结构和链接关系中推导模式和知识，搜索引擎如 Google 主要就是结构挖掘。Web 用法挖掘是指登录用户使用记录挖掘，也称访问信息挖掘。

按照自动化程度标准，利安得（Leander，2002）[②] 等将 Web 挖掘技术分为人工方式、半自动化和全自动化三种的信息挖掘方式。采用人工挖掘方式的系统主要有：W4F、Informaia、ANDES 等，采用自动、半自动化挖掘方式的系统主要有：XWRAP、WIEN、Soft mealy、Stalker 等。当前 Web 挖掘技术在商业领域的应用主要是：①获取竞争对手和客户信息；②发现用户访问模式；③反竞争情报活动。

---

① 胡洁，彭颖红. 企业信息化与知识工程［M］. 上海：上海交通大学出版社，2009.
② Leander A.，Riberio – Neto B.，Silva A. A brief survey of Web data extraction tools［J］. SIG-MOD Record，2002，31（2）：84 – 93.

3. 文本挖掘技术

随着电脑使用的普及与互联网的发展，非结构化的电子文本书档（如学术论文、新闻文章、电子邮件、公司通告等）的数量急剧增长，为了从这些知识源中挖掘有价值的知识，需要用到文本挖掘技术。文本挖掘是数据挖掘的一个新领域，它利用智能算法，并结合文字处理技术，从文本书档中发现和提取隐含的、事先未知的知识。

根据文本挖掘的知识对象种类的不同，文本挖掘可以分为关联规则抽取、语义关系挖掘、文本聚类与主题分析、趋势分析四大类。文本挖掘研究中最成熟、应用最广泛的领域是文本聚类，它是指在没有预先定义类别的情况下，自动产生文本分类的过程。文本聚类可以作为发现最近邻文档的有效手段，也可被用于浏览文档集合或组织从搜索引擎返回的文档。

文本挖掘的过程与特定领域中的信息表达模型密切相关，一个典型的文本挖掘过程包括文本集合的预处理（文本数据的选择、清洗、分类、特征提取等）、索引与存储、中间表示分析（聚类、趋势分析、关联规则发现等）、后处理（知识的评价与取舍、知识的解释与知识的可视化表达）等步骤①。

目前，中文文本挖掘研究还处在起步阶段。中文文本挖掘主要采用"词袋"法，即提取文本高频词构成特征向量来表达文本特征。"词袋"法没有考虑词在文本（句子）中担当的语法和语义角色，也没有考虑词与词之间的顺序，丢失了大量有用信息，加之汉语中同义词与多义词的普遍存在，更加减弱了高频词向量表达文本特征的可信度②。因此，中文文本挖掘研究的重点是中文文本的构成特点与特征提取机制，只有中文文本的分析技术得到突破，才能实现中文文本的深度挖掘。

---

① 谌志群，张国煊. 文本挖掘研究进展 ［J］. 模式识别与人工智能，2005，18（1）：65 – 74.

② 谌志群，张国煊. 文本挖掘与中文文本挖掘模型研究 ［J］. 情报科学，2007，25（7）：1046 – 1051.

4.4.2 知识链知识获取应用

1. 数据挖掘技术在银行业的应用

银行信息化发展迅速，信息系统成为银行业业务开展的主要支撑平台。从海量金融数据中抽取有价值的信息，为银行高管正确决策提供依据，是数据挖掘的重要应用领域。国际知名银行如汇丰银行、富士银行和花旗银行都是数据挖掘技术应用的先行者。具体应用主要在以下两个方面：

（1）客户管理。数据挖掘技术可以在客户寻找、客户保留和客户服务优化等银行客户管理周期各阶段提供支持。如银行可以通过分析客户的交易习惯、交易频率和交易额度等数据来判明客户的忠诚度，也可以在客户信息中进行聚类分析找到可盈利目标群。

（2）风险管理。数据挖掘可以应用在信用风险评估上，方式一是构建信用评级模型，对信用卡申请人和贷款申请人的风险进行量化评分；方式二是检测信用卡的异常使用，预防商业欺诈造成的损失。

银行数据挖掘系统由包括数据仓库分析员在内的一系列软件模块所组成。数据仓库中的数据，经数据库接口输入到银行数据挖掘管理器，它经过数据选择、预处理之后，被银行数据挖掘工具处理，该工具提供了多种银行数据挖掘算法，从中获取有用的信息与知识，以及辅助的模式与关系。随后，通过评判工具对这些信息、知识及辅助模式与关系进行评价与解释。其中，一些有意义和有用的信息将送给分析人员，有些发现还将加入知识库，以便为后继发现的抽取和进行评价[①]。银行数据挖掘系统的逻辑过程如图 4 - 2 所示。

---

① 李小庆.银行数据挖掘与知识发现技术全景分析 [J]. 华南金融电脑，2010（11）：44 - 47.

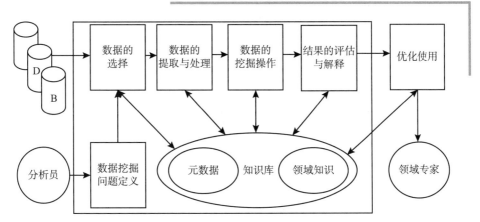

图 4 - 2　银行数据挖掘系统的逻辑过程

2. Web 挖掘技术在电子商务中的应用

知识经济时代网上交易正改变着人们的商务习惯和商务理念。顾客在 Web 站点上的注册信息、浏览信息、购物信息都隐藏着自己的商务行为模式，也蕴藏着巨大的商机。合理运用 Web 挖掘技术，有助于电子商务企业及时获得零售商、合作商、中间商以及竞争对手的信息，有助于发现潜在客户、用户和市场，以实现个性化的市场服务，提高市场竞争力。

Web 挖掘在电子商务中的主要方法有统计分析、知识发现、预测模型三种。统计分析是利用大数法则，发现 Web 数据的规律，并进一步解释这些规律，为管理战略提供依据。通常使用的方法有线性分析和非线性分析、连续回归分析和逻辑回归分析、单变量和多变量分析，以及时间序列分析等①。知识发现是数据挖掘的高级过程，用于确定数据中有效的、新颖的、潜在有用的、基本可理解的模式的特定过程，例如，宾馆酒店通过对消费特别高和特别低的顾客进行偏离模式分析，可以发现一些有趣的消费模式。预测模型是假设消费者行为具有重复性和规律性，建立模型预测下一个时点消费数量或消费选择。

---

① Srivastava J. , Cooley R. , Deshpande M. Web usage mining: Discovery and application of usage patterns from Web data. [J]. ACM SIGKDD Exploration, 2002 (2): 76 - 88.

除了传统的电子商务模型中所有的构件外，基于 Web 挖掘技术的电子商务模型添加了知识库服务器（如图 4 - 3 所示）。应用服务器除了和数据库服务器交流外，也可以和知识库服务器进行信息交流，例如，应用服务器向知识库服务器提出数据挖掘请求后，知识库服务器通过数据挖掘引擎，对数据库进行数据挖掘处理，结果返回给应用服务器①。

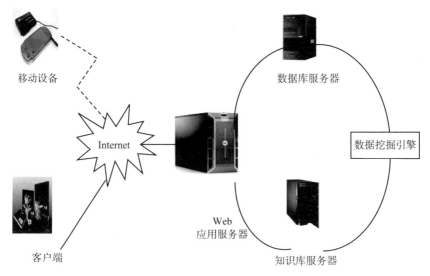

图 4 - 3　基于 Web 挖掘的电子商务模型

3. 文本挖掘技术在网络新闻中的应用

网络新闻具有海量性、即时性、交互性和超文本等特征。网络新闻的文本挖掘，可以实现对新闻资料的自动组织、生成专题，以满足网络用户检索新闻信息的需要。网络新闻文本挖掘的内容主要有三个方面：主题发现与跟踪、热点趋势检测、事件预测规则的发现。

网络版新闻报道是一种文本书件格式，相对于关系数据库中的信息来说属于非结构化信息，对非结构化信息挖掘的难点之一是自然语言的处

---

① 凌传繁. Web 挖掘技术在电子商务中的应用［J］. 情报杂志，2006（1）：93 - 95.

理。为了降低自然语言处理的难度，我们先将非结构化文本内容通过程序自动导入数据库，形成结构化数据，对结构化数据再进行简单的自然语言识别以实现属性抽取操作，并建立属性（内容）同实体（新闻）的关联关系，进而实现对新闻报道的文本挖掘[①]。以从网上获取上海世博会新闻报道的专题集为例，可见文本挖掘流程（如图 4 - 4 所示），首先是数据入库，其次是根据属性关系进行特征提取，主要是确定主题词如安保、小白菜等，最后使用挖掘算法确定文本集的聚类。

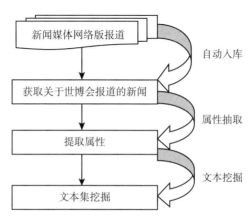

图 4 - 4   新闻媒体网络版文本挖掘流程

4.4.3   讨 论

运用数据挖掘、Web 挖掘和文本挖掘技术，知识链从外部知识源获取知识形成自己的知识仓库和知识地图，但是要想赢得知识优势和竞争优势，知识链还必须实现成员之间知识的充分共享，最终通过知识创造保持核心能力。本研究主要基于技术层面研究知识链知识获取，未来知识获取发展的趋势将是技术和行为的融合，知识管理者不仅要对信息和人进行管

---

①   阮光册. 基于文本挖掘的网络媒体报道研究［J］. 图书情报工作网刊，2011（6）：24 - 31.

理，更要将信息处理能力和人的创新能力相互结合，以增强组织对环境的适应能力。当前的知识管理系统的研发正在朝着这个方向发展，如 IBM 开发的 Lotus 系统和微软公司开发的 Share Point Portal Server 系统都实现了人、场所、事务的有机关联。

4. 5

本章小结

本章认为知识势差是知识链知识获取的动力，讨论了基于知识势差的知识链知识获取过程，并从知识主体数和知识丰富度两个角度分析了知识链知识获取效率。本章分别研究了知识链成员特点、知识链成员之间的关系、知识链自身特点三者对知识链知识获取的影响，并建立了概念模型路径图。本章最后讨论了知识链知识获取的技术，并结合具体的案例演示了这些技术的应用。

第5章

知识链知识优势形成的
关键——知识共享

知识链组建的初衷是为了实现成员之间的知识共享。知识的共享与其他物品的共享不同，与他人共享自己的知识只是让渡了知识的使用，并没有丢失或减少自己的知识，相反，不同主体间的知识共享还能够产生"1＋1＞2"的效应。现实经营管理中知识共享却往往难以实现，究其原因，是信息不对称、欺诈行为等导致知识共享契约制定和执行的难度加大，共享双方或多方也容易出现零和博弈的局面。

因此，知识链知识共享的协调机制显得非常重要，利益协调、法律协调、社会协调各有其优点。当知识共享双方的知识地位不平等的时候，如知识链核心企业面对非核心企业、拥有核心技术企业与行业跟从企业的知识合作等，是什么促成知识共享行为的发生？本章重点研究在契约不完全的情况下知识链组织中知识共享行为的发生机制。

5.1

知识链知识共享的功能

在知识经济和全球化时代，任何一个组织或知识主体都不可能拥有自己需要的全部知识，知识链组建的目的之一就是为了避免由于知识匮乏而导致的行为盲目和决策失误。知识链成员之间知识共享的实现可以使多个知识主体获得的收益大于单个主体收益之和。与一般商品不同，知识具有消费的非竞争性和受益的非排他性，这就决定了知识转移和共享的实现必须要突破组织、产权的藩篱。此外，在信息化和全球化的冲击下，企业仅仅依靠内部力量开发知识显然无法满足需求，需要通过与其他组织之间的合作获取外部知识，企业才能保持知识的更新速度。因此也可以说，单个企业正是为了利于外部的知识资源，同时也将自己拥有的知识资源与合作伙伴分享，才产生了知识链组织和其他合作创新的组织形态。知识共享对知识链的运行有重要意义，具体表现在：

（1）知识链知识共享可以缩短知识创造时间周期，提升产品知识价值。在信息化和全球化的冲击下，知识更新速度日新月异，企业之间的竞争从某种意义上讲就是时间的竞争。产品从技术创新到定制再到批量生产，往往需要很长的时间。如何缩短产品商业化周期，领先竞争对手，是决策者必须考虑的问题。知识链中的成员各自拥有自己的知识资源，而且这些资源还具有互补性和叠加性，通过共享的方式，知识链可以少走弯路，提前竞争对手将产品推向市场。知识链知识共享主要是隐性知识的共享，隐性知识是高度个人化的知识，它根植于特殊情境中的个人行为与参与过程之中。隐性知识来源于长期经验的沉淀和积累，不能简单地用数据、公式或文本来表达，也就是常说的"只可意会不可言传"。思维模式、价值判断、独门诀窍、心智信念等都属于隐性知识。隐性知识的充分共享使无形的智力资产对利润的贡献率远远高于有形的物质资产的贡献率，极大提升了产品的附加价值。

（2）知识共享是知识链获得并保持竞争优势的根本保证。知识链是适应知识经济时代的新型组织形式，与传统企业不同，它高效地管理其智力资产，依靠知识流动中的知识共享，实现了在更广范围内对知识资源进行动态配置和优化，从而使企业获得并保持竞争优势。借鉴由杰恩·B. 巴尼（Jay B. Barney，1991）提出的 VRIO 模型[①]，从价值性（value）、稀

---

① Jay Barney. Firm resource and sustained competitive advantage [J]. Journal of management, 1991，17（1）：99 – 120.

缺性（rarity）、难以模仿性（inimitability）和组织（organization）四个维度探讨知识共享对知识链获得并保持竞争优势的作用。

价值性是指知识链通过知识共享能够降低成本或者提高知识链的收益，知识共享可以为知识链赚取"李嘉图租金（Ricardian rent）"和"张伯伦租金（Chamberlinian rent）"，前者是由于降低了边际生产成本而获得的收益，后者是利用规模经济和高额的转移成本建立的高进入壁垒，知识链通过知识共享和知识创新，还可以创造出"熊彼特租金（Schumpeterian rent）"，即通过在一个不确定性很高或者非常复杂的环境中，承担风险和形成独创性的洞察力来获得基于创新的租金①。一方面，知识共享使得知识链成员对风险进行分担；另一方面，将技术创新和知识创造活动扩展到更多的领域，从而提高创新成功率，降低了整体风险。

知识共享可以使知识链中核心企业加强对知识资源的控制，以此体现知识链知识资源的稀缺性。一般而言，知识链中的核心企业都是知识型企业，它们是创新活动的投入主体、决策主体和收益主体，在生产产品的同时，也共享和应用知识，并将知识融入产品中。核心企业经常与上、下游企业、供应商、经销商进行知识共享，创造出资产专用性程度极高的知识资源和特殊资源，带动整条知识链形成竞争优势。

知识共享还可以使知识链获得难以模仿性。知识链管理的重心就是隐性知识的开发和共享——通过把员工头脑中的创新思路、工作经验、心智诀窍等隐性知识变为知识链独特的知识资源。除了隐性知识，知识链拥有的专利、声誉、渠道等往往也难以模仿，这些资源的充分共享都保证了知识链的难以模仿性。难以模仿性存在的原因是竞争者在模仿的时候会面临着成本劣势，杰恩·巴尼总结了模仿成本高的四个原因：独特的历史条件——时间不可逆和路径依赖；临时的模糊性——优势与资源关系的不确定性；社会复杂性——成本难以实现精确管理；专利——

---

① 芮明杰，方统法.知识与企业持续竞争优势［J］.复旦学报（自然科学版），2003，42（3）：721－727.

模仿的门槛过高。① 知识链知识资源的难以模仿性确保了竞争优势，并最终转化为经济利润；反之，如果知识链没有有意识保护自己独特的资源，它的竞争优势会慢慢丧失。

为了实现知识共享的目的，知识链需要对组织形态进行设计。知识链组织之间是一种战略伙伴关系，依靠合同协议和相互信任维持合作，在运行过程中容易受到目标分歧、文化差异、利益不均等的干扰而产生冲突，因此需要运用正式的契约机制、非正式的自实施机制、第三方冲突管理机制、关系强度调节机制等多种手段扫除知识链共享知识资源的组织障碍，促进知识链竞争优势的形成。作为跨组织的链式结构，知识链知识管理成功的关键点就是采用"关系管理"，这种组织结构的运行特点就是"外包"，思科公司是"外包"的先行者和成功者，它的竞争优势得以发挥的根本原因在于它们和供应商建立了良好的协同关系，并体现了知识链信息化管理水平和跨组织结构无边界柔性管理（flexible management）的特点。

（3）知识共享对塑造学习型组织文化有重要作用。企业文化是一种价值观体系，由相互关联的价值观构成，通过在员工之间、员工与公司之间、公司合作伙伴之间建立信任的氛围来鼓励互相共享知识，是创建知识共享文化的催化剂。与其他资产不同，知识资产不具独占性，知识共享不但不会使知识总量减少，反而会使每个人的知识增加。同时，当代信息技术的发展为知识共享开创了一条简单快捷的通道，这不仅扩大了知识共享的范围，而且极大地降低了知识共享的成本。知识共享行为的频繁发生会在知识链中营造一种信任气氛，成员彼此相信"教会徒弟，不会饿死师傅"。知识共享可以促进组织建立共同愿景（building shared vision），愿景可以凝聚公司上下的意志力，透过组织共识，为组织目标奋斗。知识共享也是团队学习（team learning）的推进剂，团队智慧大于个人智慧的平均值，以做出正确的组织决策，透过集体思考和分析，找出个人弱点，强化

① Jay B. Barney. Gaining and sustaining competitive advantage ［M］. Addision-wesley Publishing Company，1997：134 – 175.

团队向心力。知识共享更是改变心智模式（improve mental models）的利器，组织的障碍，多来自个人的旧思维，如固执己见、本位主义，唯有透过团队学习，以及标杆学习，才能改变心智模式，有所创新。

5.2

知识链知识共享的要素

5.2.1　知识链知识共享的主体

知识链知识共享是指知识在知识链成员之间流动，通过知识集成、知识转化和知识反馈，以减少知识主体因知识缺乏导致的行为障碍和决策失误，实现知识创造和知识增值。知识链的组建要求各成员的知识水平具有协调性和互补性，每个成员必须对知识链有自己的知识贡献（将自己的知识共享），它们之间是一种既竞争又合作的战略合作伙伴关系。

知识链中的核心企业是知识链的知识盟主，其他为参与主体。核心企业是知识创新活动的投入主体、决策主体和收益主体，它往往负责知识链战略目标的制定和合作契约的执行。核心企业都是拥有关键技术和独创知识的企业，具有自己的知识优势。知识盟主以知识创新为目标，从组织、制度、渠道等方面主动打破知识共享的壁垒，通过分析利益关系制定跨企业知识共享的决策。

大学，特别是研究型大学，由于其拥有丰富的知识资源，是知识共享的重要主体之一，可以为企业知识创新活动提供支持。科研机构往往具有企业创新所需要的资产专用性程度高的知识资源和技术资源，它们和大学的知识交流、共享活动可以缩短将知识融入产品的周期，因此对知识链中的知识价值贡献度也非常大。

核心企业与上游企业、供应商和下游企业、经销商（或客户）之间的知识共享活动一般体现在知识产品之中。核心企业与其竞争者之间的知识共享活动往往着眼于知识资源的互补，或共同进行行业重大创新活动，通过签订合作协议建立知识联盟，分担创新风险和成本，提高创新成功的可能性，避免重复竞争。

5.2.2　知识链知识共享的客体

知识作为客体的多种特性及其与主体相互作用所表现出的复杂性，也是影响知识链知识共享的重要因素。根据不同的角度，知识可以划分成多种类型。比如按照知识所依附的载体，知识可以分为以人为载体的知识（记忆、智能）、以物的载体（数据、影像）。按照知识共享和传递的难易程度，迈克尔·波兰尼将知识区分为隐性知识（explicit knowledge）和显性知识（tacit knowledge）。

显性知识指"能明确表达的知识"，即人们可以通过口头传授、教科书、参考资料、期刊、专利文献、视听媒体、软件和数据库等方式获取，以可以通过语言、书籍、文字、数据库等编码方式传播，也容易被人们学习，包括"可以写在书本和杂志上，能说出来的知识"。隐性知识一类是技能方面的隐性知识，包括那些非正式的、难以表达的技能、技巧、经验和诀窍等；另一类是认识方面的隐性知识，包括洞察力、直觉、感悟、价值观、心智模式、团队的默契和组织文化等①。

知识共享取决于知识自身被传送、解释和吸收的难易程度。显性知识一旦形成，可以独立于知识创造者而存在于公共知识库中，知识的使用者可以从公共知识库中多次重复利用知识。由于显性知识以语言、文字、图形和符号等编码化的形式进行传递，这种知识共享方式不仅能够提高交流双方在意思理解上的一致性，而且可以实现时间和空间上的分离。因此，显性知识共享的速度快、成本低、可多次重复利用，其共享效率高。

---

① 竹内弘高，野中郁次郎．知识创造的螺旋：知识管理理论与案例研究［M］．北京：知识产权出版社，2006：90－95.

隐性知识是个人经验和能力的综合体现，很难用编码化和形式化的语言表述，隐性知识的共享受到知识发送和接收的时间和空间制约，加剧了知识共享的难度，而且由于交互转移模式固有的特征，减低了知识共享效率。虽然隐性知识比显性知识更难发觉，但却是社会财富的最主要源泉，它往往比显性知识更宝贵、更能创造价值。因此，隐性知识共享的特点是速度慢、相对时间长、转移成本高、效率低，但更具有创造性和高利润①。

5.3
知识链知识共享的过程

知识链知识共享的实现可以分三步走：知识集成、知识转化和知识反馈。知识集成是将获取的知识匹配到知识需求方；知识转化主要是显性知识和隐性知识的转化，目的是将知识变为知识链可用、好用的资源；知识反馈涉及知识共享结果的互动，目的是提高知识共享效率。

5.3.1　知识集成

知识集成是指知识链对挖掘的知识进行整合，将知识内化为可用的结构化知识，它通过知识需求评估、知识改善和知识匹配实现。知识的需求评估包括知识的定位、知识的了解和接近、知识的评价、知识的过滤、知识的确认等，它反映了知识链对外部知识环境的敏感性和动态检测能力，能否及时、准确了解外部知识环境的动向是组织低成本活动知识的前提。知识改善是对辨识后对知识链有用的知识进行适当的改造，将其变为知识链方便使用的知识。知识改善既包括对知识包装的改变，如知识标准的重

---

① 顾新. 知识链管理——基于生命周期的组织之间知识链管理框架模型研究［M］. 成都：四川大学出版社，2008.

新制定，也包括对知识内容的改变，如融入新情景的改变①。知识匹配是在知识需求分析的基础上，知识链内部将改善好的知识经过一定的渠道向知识需求方流动，让知识需求方得到"合适"的知识，达到人尽其才，物尽所用的效果。

5.3.2 知识转化

野中郁次郎（Ikujiro Nonaka，2000）认为知识转化主要是隐性知识和显性知识的相互转化，他将知识转化（knowledge conversion）定义隐性知识与显性知识相互交替的四个过程，简称为 SECI 模型：社会化（socialization）、外在化（externalization）、整合化（combination）和内在化（internalization）。在 SECI 模型四个阶段的知识转化过程中，当个人的隐性知识从"社会化→外化化→整合化→内在化"完成一次知识运动，就开始了新一轮的知识转化，知识转化轨迹呈现出螺旋式的演进趋势②。

知识转化不可能在"真空"中发生，而必须在一定的场所中才能实现。为此，野中郁次郎结合东方文化背景，创造出知识转化场所（Ba）的概念③。"Ba"不仅是指物理的场所，如会场、办公室等，还可以是虚拟的场所，如群件系统、局域网等；"Ba"还可以指精神的场所，共享经历、共同理念等精神场所对知识创造也至关重要。与 SECI 模型相对应，知识创造场所包括创始场域、互动场域、系统场域和演练场域。借鉴 SECI 模型和 Ba 的概念，可以改进出基于 SECI 模型的知识链组织之间知识转化路径图④，如图 5 - 1 所示。

---

① 吴金希. 用知识赢得优势——中国企业知识管理模式与战略 ［M］. 北京：知识产权出版社，2008.

② Ikujiro Nonaka. The Knowledge - Creating Company ［J］. Harvard Business Review，1991（11）：94 - 104.

③ Ikujiro Nonaka，RyokoToyama，A kiya Nagata. A firm as a knowledge-creating entity：A new perspective on the theory of the firm ［J］. Industrial and Corporate Change，2000（2）：1 - 17.

④ 林榕航. 知识管理原理 ［M］. 厦门大学出版社，2005：117 - 126.

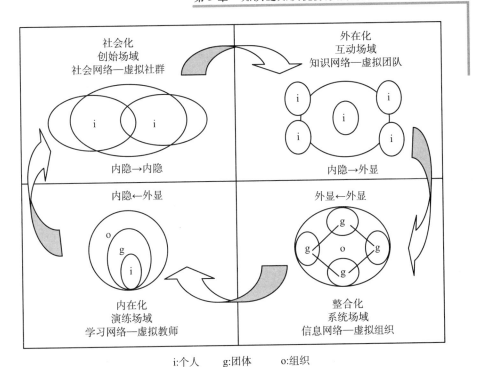

i:个人　g:团体　o:组织

图 5-1　基于 SECI 模型的知识链知识转化路径

知识链组织间知识转化第一个阶段发生在图 5-1 的左上方是知识的创始场域。在市场需求的引致下，知识链核心企业通过自身核心能力的识别，确定组建知识链来获取或创造所需知识，并借助信息技术建立虚拟知识社区，为在更为广范围内实现知识的社会化创造条件。在这个阶段中，知识转化的特点是"潜移默化"：团队或企业在相互了解彼此的思想与感情的基础上，通过交流与感知，交换、分享各自的隐性知识，最终要能够取得彼此信任，收获"共享经历"。由于新知识往往起源于知识盟主的知识搜寻，因此社会化是知识转化和传播的起点。

知识链组织间知识转化第二个阶段发生在图 5-1 的右上方是知识的互动场域。产品的标准化生产要求个性化的隐性知识能够被清晰表达，并转化成别人容易理解的形式。个体、团队或企业的隐性知识往往通过编码化，用文字语言、数学符号等方式表达出来，成为更方便交流和共享的显性知识。对知识链组织来说，这是一个知识概念化阶段，在互动场域，新知识转化为产品的可行性按照技术、商业和组织领域等各方面的标准加以论证。在知识转化的四个阶段中，该过程是产生新的显性知识最直接和最有效的途径。

知识链组织间知识转化第三个阶段发生在图 5 - 1 的右下方是知识的系统场域。这是一种知识扩散的过程，通常是将零碎的显性知识进一步系统化。通过整合性的信息网络、协作技术平台、知识地图等跨企业信息系统，"汇总组合"组织内部和知识链组织之间的零碎显性知识，使之成为一致化、模式化和系统化的外显知识。此阶段即是知识链的产品开发阶段，个别企业知识综合集成为知识链共享知识，仅停留在观念中或纸上的产品原形成为实验的原型，开始为大规模的生产做准备。

知识链组织间知识转化第四个阶段发生在图 5 - 1 的左下方是知识的演练场域。在该场域，企业吸收、消化知识链"汇总组合"新的显性知识，通过"干中学"（learning by doing）的学习模式将显性的知识链共享知识转化为知识链组织成员的隐性知识。成员的隐性知识又构成知识链隐性知识系统的一部分（如共享思维模式或技能诀窍），从而成为知识链的有价值的资产①。这种转化不只是一种简单的知识转移，它实现了知识自我的超越，可以认为是知识创造的源泉，人类新的创新思想、发明创造大多得益于此。

5.3.3 知识反馈

知识反馈是指知识链成员将转化后的知识从认知、满意度、知识产品等方面进行评价和核对，以提高知识共享效率。知识链成员之间的认知状况是知识反馈的主要方面，它包括对合作共享目标的认知、合作共享利益期望、对共享知识的理解差距等。成员企业对合作共享目标的认知往往存

---

① Nonaka I., Toyama R., Konko N. SECI, ba and leadership: unified model of dynamic knowledge creation [J]. Long Range Planning, 2000, 33 (1): 5 - 34.

在差距，这主要是由于知识共享所要实现目标预期有差距。成员合作契约的制定前提是对未来有良好的预期，这会给知识共享带来"期望陷阱"，因此，合作共享利益期望也需要适时反馈。知识共享过程中客观存在"知识理解差距"，合作者往往抱怨伙伴拥有的知识非自己的期望，或与自己的知识有背离，这需要进行反馈，以弥补知识理解差距。

知识链成员之间知识共享的满意度要经常性统计，以便对知识共享的期望、心态和困难有更具体的认识，形成知识互补结构缩小知识认知距离，营造和谐的知识共享环境。知识链还要关注客户（消费者）对知识共享的反应程度。知识共享会导致产品和服务的创新，提高客户的经济收益和心理效用，这反映了知识共享长期效应，理应用来衡量知识共享效率。

知识产品的市场占有率反映知识链成员获得市场价值的多少，可以用来间接评价和反馈知识共享的效率。利用率从知识共享的投入和产出比衡量知识共享的成果，也可以间接评价知识共享的效率。知识增加率主要是指显性知识的增加，如专利数、发明数等。隐性知识的增加可以通过定性的方法认定，如专家法，如图 5-2 所示。

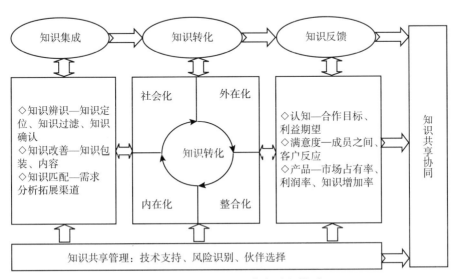

图 5-2　知识链知识共享过程模型

5. 4

知识链知识共享的协调机制

5.4.1 建立知识链知识共享协调机制的必要性

在当今世界"超竞争"的环境中，在通信和计算机领域技术不断突破的推动下，许多行业开始主动或被动的组建知识链，各类组织变得越来越知识密集型。尽管知识链的数量不断增加，但从我国企业的实践来看，知识链的成功率并不高。究其原因，主要有：知识链的目标不明确、合作伙伴选择不当、组织之间的文化冲突、利益分配不合理、成员直接缺乏信任、联盟能力欠缺等。将以上原因综合起来看，知识链失败的原因有一个共同的指向——成员企业之间的关系处理问题，即知识链知识共享缺乏良好的协调机制。

建立了良好的协调机制，知识链才能够有效率的、稳定的进行知识共享，知识的正外部性才能够最大限度地发挥作用。这表现在：实现知识成员拥有知识的转移，增加知识链知识资本的总量，并优化了知识资本的结构，从而提升整个知识同盟的竞争力；可以将个体优势转化为组织整体优势，从而降低知识链对单个成员的依赖性，减少个别企业脱离知识链带来的风险和损失；可以促进成员知识更新，知识创造，减少研发成本，降低研发风险，加快新产品开发。

5.4.2 利益协调是知识链知识共享协调机制的核心

经济利润是组建知识链的第一动因。如果知识链成员在知识共享之后的实际收益与预期收益产生差异，尤其当需要对知识贡献进行评估时，问题会变得更复杂，对知识共享的利益分配共识难易达成。利益协调的失败往往会导致知识链成员怀疑知识链的有效性，甚至会选择退出知识链。知识链成员之间的利益分配本质上是一种合作博弈，需要同时满足个体理性和集体理性。它们之间的利益协调要遵循几个原则：互惠互利原则；结构利益优化原则；风险与收益相对称原则；个体合理原则。

　　建立知识链知识共享利益协调机制的具体措施主要包括：首先，要提高知识链成员知识共享所创造的协调价值。协同价值涉及知识链的整体利益，只有蛋糕先做大，才可能提升成员对知识共享的期望值，以投入更多专用性资产，进一步才有可能让每个成员收获到知识共享带来的巨大收益。其次，尽量减少知识链中核心企业因为知识共享而造成的知识溢出。知识的溢出会让合作伙伴获得核心知识，激励其脱离知识链的动机，因此有必要保护核心企业的核心知识产权，以维护知识链稳定运行。最后，增加知识链成员知识共享的欺骗成本，减少机会主义的收益。建立知识链的进入和退出门槛，如定金和罚金制度，对欺诈者可以采用"一次清仓"策略。

5.4.3　法律协调是知识链知识共享协调机制的保障

　　知识的复杂性和外部性决定了知识链中知识产权归属与应用通过法律机制来协调。知识共享中的机会主义通常包括逆向选择和道德风险，而法律协调就是专门针对知识链合作伙伴的合同、契约的签订和执行中产生的上述问题。合同的设计目的是明确成员之间的权力和义务关系，保证知识链中知识共享的秩序，为知识共享过程提供制度化保障。

　　知识共享的法律协调一般是通过成员之间合同的设计和执行实现的。合同的内容要解决以下问题：第一，理顺知识产权归属问题，包括成员企业共享知识的私有知识产权和知识链组织共同创造的新知识的使用、转移、归属等知识产权。第二，确认知识链知识共享过程中成员之间的义务和配合方式，合同文本中要明确成员的分工设计、任务界面的衔接等。第三，明确知识共享过程中时间进度安排。基于知识共享的关键路线控制点是合同管理的重点，控制好进度就把握好了知识共享的不确定性和动态性。第四，确定知识共享合同调整的原则。合同条款需要对合作方案调整的必要性、可行性、和原则性进行规定和说明，同时也为细节的完善预留空间。

5.4.4 社会协调是知识链知识共享协调机制的基础

社会协调是指在知识链知识共享的过程中，成员利用相互的社会网络关系资源对成员之间的关系形成与利益分配进行动态性的协调过程。社会协调具有非正式、灵活性和低成本的特征，它着眼于非纯粹的市场交易关系，而是提供了一种有效的协调成员合作关系的方法，更适合知识链复杂性和动态性的特点。

社会协调通过限制性进入、宏观文化、集体惩罚和声誉机制来对知识共享的稳定性进行协调[①]。限制性进入目的是减少知识共享的协调成本，增加成员互动的频率，减低成员间在经验、期望、目标等方面的变异，为重复博弈创造条件。宏观文化协调的目的是使知识链成员在价值、思想达成共识，为意识形态的整合提供先决条件。集体惩罚是集体理性的表现，通过集体投票将知识共享的欺诈者和低效率者清除出知识链，能够维护持久、稳定的合作关系。声誉协调是企业间长时间博弈的结果，有利于整合链内的人力资本，阻止短期行为，为知识共享建立良性的行为规则。

5.5

知识链知识共享的信誉问题研究

知识链知识共享取得成功的关键在于成员间的相互信任。成员之间的

[①] 胡平波. 网络组织合作创新中的知识共享及协调机制 [M]. 北京：中国经济出版社，2009.

合作关系实质上是基于一种对未来的承诺，只有相互保证信誉，承诺才能够成为可靠的计划，并顺利实施。知识链本身结构松散，对成员进行监督和控制难度大，机会主义容易发生。因此，培育知识链成员的信誉是知识链管理的重要内容，相关研究已证实了知识共享对知识链组织绩效和知识创新具有促进作用①②。

　　知识共享实质是知识存在和发展的一种状态。随着信息技术的发展和应用，组织间知识共享的技术障碍越来越小，而组织、经济、文化等非技术因素的障碍日益凸显。知识共享的过程和结果涉及多个知识主体，它们之间的行为和策略是相互作用、相互影响的。国内外学者主要运用博弈论对影响组织间知识共享的非技术因素进行研究，主要成果有：卡雄（Cachon，2002）针对知识共享中个体理性与集体理性之间的失调，主要从激励与协调的角度提供对策③。合理行动理论（TRA）建构的博弈模型认为外部报酬对知识共享起负作用，而预期的互惠关系和知识共享则呈正相关④。谈正达等（2006）建立了产业集群知识共享机制的演化博弈模型并分析其动态演变过程，得出了产业集群的文化环境、企业对知识的吸收转化能力、企业间知识水平的差异是影响产业集群知识共享的关键因素⑤。樊斌和鞠晓峰（2008）运用博弈分析方法，分析企业与企业之间知识共享过程，求得子博弈精炼纳什均衡解，从而得到促使企业间进行知识共享

---

①　Collins，Smith. Knowledge exchange and combination the role of human resource practice in the performance of high-technology firms ［J］. Academy of Management Journal，2006（49）：544－560.

②　I－Chieh Hsu. Knowledge sharing practices as a facilitating facctor for improving oganizational performance through human capital：A preliminary test ［J］. Expert System with Applications，2008，35（3）：1316－1326.

③　Cachon G. P. Supply chain coordination with contracts ［R］. The Wharton school of business，university of Pennsylvania working paper，2002.

④　Bock G.，Zmud R.，Kim Y. Behavioral intention formation in knowledge sharing：Examing the roles of extrinsic motivators，social-psychological forces，and organizational climate ［J］. MIS Quarterly，2005，29（1）：87－111.

⑤　谈正达，王文平，谈英姿. 产业集群的知识共享机制的演化博弈分析 ［J］. 运筹与管理. 2006，15（2）：56－59.

的条件[1]。计国君和于文鹏（2010）通过强弱联系下的博弈模型，研究了不同关系下的供应链企业间知识共享的动力特征，并分别探讨了知识共享发生的条件[2]。赵书松等（2011）用实证数据证明了团队性绩效反馈对员工知识共享行为具有显著正向作用，并通过规则服从、集体情感与责任动机的完全中介作用间接促进员工知识共享行为[3]。阮国祥等（2011）将网络成员知识共享的策略分为"共享""不共享""回敬"三类，分析不同收益值情况下知识共享博弈达到的演化均衡状态[4]。以上研究都基于两个基本假设：一是知识共享主体之间的契约是完全的，博弈行为都在契约框架内进行。二是博弈主体的知识地位是平等的，即通过知识共享组织成员可以相互学习，取长补短。唐淑兰（2012）[5] 认为供应链知识的复杂特性、企业共享能力、企业间信赖度、激励机制、共享风险管控及共享平台维护建设是影响企业间知识共享的主要因素。胡远华（2015）[6] 等认为能力认知信任、行为认知信任及情感信任对员工的知识转移和分享产生直接影响。Hau（2013）[7] 通过对 2 010 名员工的调查数据实证研究发现互惠、信任和社会资本等因素有助于显著提高企业员工对于隐性知识和显性知识共享的意向。于旭和宋超（2015）[8] 认为基于相互信任的关系往往能够促

---

① 樊斌，鞠晓峰. 跨企业知识共享博弈分析 [J]. 商业研究，2008（12）：93 - 95.

② 计国君，于文鹏. 供应链企业间知识共享的动力研究 [J]. 科学学与科学技术管理，2010（11）：66 - 74.

③ 赵书松，廖建桥. 团队性绩效考核对个体知识共享行为影响的实证研究 [J]. 图书情报工作，2011（24）：90 - 96.

④ 阮国祥，阮平南，宋静. 创新网络成员知识共享演化博弈仿真分析 [J]. 情报杂志，2011（2）：100 - 104.

⑤ 唐淑兰. 供应链企业间知识共享的影响因素及策略研究 [J]. 信息系统工程，2012（6）：110 - 111.

⑥ 胡远华，董相苗. 员工信任关系对知识转移促进作用的实证研究 [J]. 情报科学，2015（9）：81 - 87.

⑦ Yong Sauk Hau. The Effects of Individual Motivations and Social Capital on Employees' Tacit and Explicit Knowledge Sharing Intentions [J]. International Journal of Information Management，2013，33（2）：356 - 366.

⑧ 于旭，宋超. 跨组织合作中知识获取障碍与应对策略研究 [J]. 情报理论与实践，2015，38（2）：50 - 54.

成规模小、期限短的合作项目，为了实现合作的延续性，确保知识获取和知识流动顺畅，仅靠信任治理远不能达到保护彼此利益不被破坏，遏制机会主义行为的预期效果，还需要结合契约机制协同治理。张悟移和王得首（2018）[1] 先对影响企业间知识共享的因素进行分析，然后通过引力模型探究每个影响因素的吸引力比率发生变化时的供应链核心企业知识共享结果的变化，发现影响供应链企业间知识共享的主要因素包含：企业知识共享能力差异、有效激励、企业间的信任度以及统一的知识共享平台。

现实中组织之间知识共享行为往往是在契约不完全或者是信息不对称条件下进行的，而且知识链组织中成员的知识地位有时是不平等的，表现为核心企业或者具有知识优势的知识链盟主是知识的输出方，其他企业是知识的接收方。本书就将讨论这样一个充满争议的问题：如果契约是不完全的（即有可能存在欺骗行为），知识链组织中具有知识优势的企业为什么愿意将自己拥有的知识与其他企业共享？在对知识输出方进行成本和收益分析后，本书将研究聚焦在信誉这个变量上，得出"在契约不完全情况下，信誉是激励知识链组织成员知识共享的工具"的初步结论，并尝试找出"知识共享区间"，提出促进知识链组织知识共享的对策。

5.5.1　知识链知识共享信誉均衡模型

1. 模型的基本假设

近些年来，学者们对信誉的理解逐渐从关注被评价组织与外部评价主体之间的互动行为，转向强调组织信誉是反映外部利益相关者共同评价的综合概念，例如 Lange（2011）[2] 等就认为组织信誉本身应当是一个有关

---

① 张悟移，王得首. 基于引力成本的供应链知识共享改进研究 [J]. 科技管理研究，2018，38（2）：156 – 160.

② Lange D.，et al. Organizational reputation：A review [J]. Journal of Management，2011，37（1）：153 – 184.

外部利益相关者感知的多维度概念。因此，从本质上说，是知识链组织之间的利益冲突影响了知识共享的效果。为了研究方便，作以下假设：

（1）部分理性假设：假设知识链知识共享参与主体都是部分理性的，它们能准确计算未来策略选择的成本与收益，但是他们只采取对自己有利的策略，即使他们的行为对整个知识链会有损害；

（2）参与主体假设：知识链组织包括核心企业、科研院所、供应商、经销商、客户等，但本书只考虑两个组织参与知识共享，一个为知识输出方，另一个为知识接收方，知识共享行为的发生和结束主要取决于知识输出方的成本—收益比较，但知识接收方的预期也是影响知识共享效果重要的变量；

（3）行为时期假设：假设参与知识共享活动双方不是"一锤子买卖"，而是在一个长时间序列进行决策，因此就需要将基期、预期、现值等时间价值包含在函数中，而且每一期的折现因子是无法观测到的，是独立的随机变量。

2. 知识共享成本—收益函数

为了解释命题——"由于信誉的作用，契约不完全时也会存在有效的知识共享行为"，需要对知识链中知识输出方知识共享行为的成本—收益进行比较，并且需要考虑成本—收益的时间价值问题，即当事人未来的成本足够小或者收益足够大。[①] 由于是不完全契约，那么在对知识输出方缺乏强有力的法律或制度约束的前提下，有必要将知识接收方的预期看作是成本—收益函数的一个变量。在对 Barro—Gordon 模型和 Cai—kock 模型借鉴和改进后，首先要明确知识输出方知识共享的目标是其知识共享率（知识共享量）和知识接收方知识共享预期的函数[②]，知识输出方知识共享偏

---

① 姚海鑫. 经济政策的博弈论分析［M］. 北京：经济管理出版社，2001.

② Cai G. , Kock N. An evolutionary game theoretic perspective on E – collaboration：The collaboration effort and media relative［J］. European Journal of Operational Research，2009，194（3）：821 – 833.

好（或福利损失）函数[1]如下：

$$Z_t = \left(\frac{a}{2}\right)\pi_t^2 - b_t(\pi_t - \pi_t^e) \quad (a,\ b_t > 0) \tag{5.1}$$

式（5.1）中，第一项 $\left(\frac{a}{2}\right)\pi_t^2$ 为知识输出方共享知识的成本，主要包括知识共享行为的投入、潜在的知识优势地位丧失的风险等，平方项意味着成本以递增的速度随着知识共享率 π_t 增加；第二项 $b_t(\pi_t - \pi_t^e)$ 是知识输出方共享知识的收益，主要包括知识共享行为客观上使得整个知识链收益增加、为自己博得好名声以获取更多的合作机会等，获利参数 $b_t > 0$，则非预期的知识共享（$\pi_t - \pi_t^e$）增加时，成本减少，参数 b_t 是一个随机变量。

知识输出方知识共享的目标，是在 t 时期选择一个使其预期的成本现值最小化（或其收益现值最大化）的知识共享率，即使下式达到最小：

$$Z = E\Big[Z_t + \frac{1}{(1+r_t)_{t+1}} + \frac{1}{(1+r_t)+(1+r_{t+1})_{t+2}} + A \Big] \tag{5.2}$$

式（5.2）中，r_t 是 t 期与 $t+1$ 期间的折现率。假设 r_t 服从静态分布，且 r_t 独立于 b_t，则折现因子 $q_t = \frac{1}{1+r_t}$，q_t 的均值和方差分别为 $\bar{q}$ 和 σ_q^2。

对知识输出方来说，控制变量是 π_t，即它能够在每一期选择一个知识共享率（知识共享量）；同期知识接收方的选择变量为 π_t^e。一般而言，知识输出方对自己的知识共享策略有三种选择方式：①自由选择；②守信；③欺骗。下面对每一种选择求解。

①自由选择。当知识输出方选择知识共享率 π_t 时，它把当前的知识共享预期 π_t^e 和所有未来的预期 $\pi_{t+1}^e(i > 0)$ 看作是已知的，从而选择 π_t 以使当期的预期成本 EZ_t 最小。未来成本和共享的预期均独立于知识输出方的行为，因此不考虑折现因子的影响。由式（5.1）得：

---

① Robert J. Barro, David B. Gordon. Rules, discretion and reputation in a model of monetary policy [J]. Journal of Monetary Econmics, 1983（12）：101 - 121.

$$EZ_t = E\left(\frac{a}{2}\pi_t^2\right) - E\left[b_t(\pi_t - \pi_t^e)\right]$$

$$= \frac{a}{2}\pi_t^2 - (\pi_t - \pi_t^e)Eb_t$$

$$= \frac{a}{2}\pi_t^2 - (\pi_t - \pi_t^e) \cdot \bar{b} \tag{5.3}$$

令：$\dfrac{\partial EZ}{\partial \pi_t} = \dfrac{a}{2} \cdot 2\pi_t - \bar{b} = 0$，得自由选择知识共享行为下的最优解为：

$$\hat{\pi}_t = \bar{b}/a \tag{5.4}$$

根据部分理性假设，知识接收方通过知识输出方的最优解（即预期 π_t 的解为 $\hat{\pi}$）来预期知识共享率，此时 $\pi_t^e = \hat{\pi} = \hat{\pi}_t = \bar{b}/a$，因此式（5.1）中的成本只依赖于 $\hat{\pi}_t$，知识输出方自由选择知识共享行为的最小成本为：

$$\hat{Z}_t = \frac{b^2}{2a} \tag{5.5}$$

②守信。如果知识输出方选择守信的策略，它就将事先承诺一个知识共享率 π_t，而知识接收方相信该承诺，即知识共享预期等于知识共享承诺（$\pi_t^e = \pi_t$）。此时的约束条件变成了 $\pi_t^e = \pi_t$，由式（5.1）可得知识输出方在守信的选择下知识共享率的最优解为：

$$\pi^* = 0 \tag{5.6}$$

由于没有人能够预测参数 b_t 和 q_t，因此 $\pi^* = 0$ 表示"不变的知识共享率"，此时的知识共享率增长率为零。由式（5.1）可计算在守信策略下的最小成本为：

$$Z_t^* = 0 \tag{5.7}$$

比较式（5.5）和式（5.7），容易看出守信策略下成本低于自由选择策略下的成本，较低的成本反映出知识输出方遵守诺言的价值。

③欺骗。不遵守承诺欺骗知识接收方，也是知识输出方常见的行为。特别是当知识接收方对知识共享有预期时，知识输出方为了获得某种利益而拒绝将自己的知识共享。下面计算知识输出方通过欺骗获得的利益。由于契约的不完全（信息不对称），欺骗的实施方是信息占优者，它能掌握

知识接收方的预期，此时最小化预期成本的知识共享选择是：

$$\tilde{\pi}_t = \bar{b}/a \qquad (5.8)$$

与自由选择策略下最小成本推导相同：

$$EZ_t = E\left(\frac{a}{2}\pi_t^2\right) - E\left[b_t(\pi_t - \pi_t^e)\right]$$

$$= \frac{a}{2}\pi_t^2 - E(b_t\pi_t)$$

$$= \frac{a}{2}\pi_t^2 - \bar{b} \cdot \pi_t \qquad (5.9)$$

将式（5.8）代入，可得此时的预期成本为：

$$E\tilde{Z}_t = -\frac{1}{2}(\bar{b})^2/a \qquad (5.10)$$

比较式（5.5）、式（5.7）、式（5.10），可以将三种策略按照成本从大到小排列：

$$A：\hat{Z}_t = \frac{\bar{b}^2}{2a} \qquad (5.11)$$

$$B：Z_t^* = 0 \qquad (5.12)$$

$$C：E\tilde{Z}_t = -\frac{1}{2}(\bar{b})^2/a \qquad (5.13)$$

此时可以得到初步结论：对知识输出方而言，自由选择不如诚实守信，但当知识接收方有预期时，欺骗是最优策略。欺骗的结果只有在知识接收方被系统地欺骗时，即长期认定知识输出方会采取知识共享时，欺骗策略才是可行的。

3. 信誉均衡模型构建

由于欺骗的代价涉及知识接收方对未来知识共享预期的增加，因此对信誉均衡点的寻找必须计算知识输出方从欺骗中获得的收益和失去信誉的损失两者的差值。

欺骗的代价是：

$$\eta_c = E\left[\frac{1}{1+r}\ (\hat{Z}_{t+1} - Z_{t+1}^*)\right] \tag{5.14}$$

欺骗的诱惑是：

$$\eta_T = E(Z_t^* - \tilde{Z}_t) \tag{5.15}$$

比较计算欺骗的代价和欺骗的诱惑可以找到"知识共享最佳可实施策略"。由假设可知，双方的预期都是理性的，知识接收方的预期 π_t^e 是对知识输出方的实际选择 π_t 的最可能的估计，因此对知识输出方来说，最佳实施策略的简单形式是：$\pi_t^* = \pi$，此时欺骗的代价和欺骗的诱惑是：

$$\eta_c = E\left[\frac{1}{1+r}\ (\hat{Z}_{t+1} - Z_{t+1}^*)\right] = q\left(\frac{a}{2}\right)\left[\left(\frac{\bar{b}}{a}\right)^2 - \pi^2\right] \tag{5.16}$$

$$\eta_T = E(Z_t^* - \tilde{Z}_t) = \left(\frac{a}{2}\right)\left(\frac{\bar{b}}{a} - \pi\right)^2 \tag{5.17}$$

如图 5 – 3 所示，这两个函数可以找到知识共享可实施范围即知识共享区间。

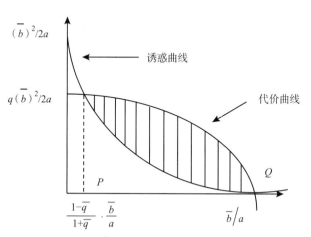

图 5 – 3   知识共享区间：π 的可选择范围

4. 信誉均衡模型的基本结论

如图 5 – 3 所示，对知识输出方来说，其知识共享行为决策是可以找到均衡点的。图中的阴影部分就是知识共享率可实施的范围，在 P 点与在 Q 点欺骗的诱惑和欺骗的代价是等同的。进一步考察知识共享成本—收益函数和知识共享信誉均衡模型，可以有如下结论：

（1）虽然最佳的知识共享率发生在诱惑曲线与代价曲线相交的 P 点和 Q 点处，但是由于在 Q 点预期成本比在 P 点要高，因此 P 点应该是知识共享率 π 的最佳取值，此时 $\pi^* = (\bar{b}/a)[(1-\bar{q})/(1+\bar{q})]$；每期的最小预期成本 $EZ_t^* = \frac{1}{2} \cdot [(\bar{b})^2/a] \cdot [(1-\bar{q})/(1+\bar{q})]^2$。

（2）因为 $0 < \bar{q} < 1$，所以最佳知识共享率 π^* 是诚实守信和自由决策的加权平均数，权重取决于折现因子 $\bar{q}$。易知 π^* 是 $\bar{q}$ 的减函数，$\bar{q}$ 减少了信誉的力量，它要求 π^* 增加以便在诱惑与代价之间保持平衡。EZ_* 的取值在诚实守信成本 $Z_t^* = 0$ 与自由决策成本 $\hat{Z}_t = \dfrac{\bar{b}^2}{2a}$ 之间，此时的 π^* 还取决于成本参数比率 $\bar{b}/a$，其中 $\bar{b}$ 为获益参数，a 为成本参数。

（3）当知识输出方能够观测到 b_t 和 q_t，而知识接收方仍对同期的 b_t 和 q_t 未知时，知识输出方只关注 b_t 而非 $\bar{b}$，而知识接收方的预期仍然是 $\bar{b}/a$。如果 $b_t > \bar{b}$，实际的知识共享超过预期，知识接收方从中获益；如果 $b_t < \bar{b}$，则知识输出方从中受益，因此对知识输出方来说，以一个低水平的 b_t 产生某种成本或代价是值得的，它在信誉方面的投资，即使获得较低的 b_t，从长期来看，依然是有净收益的，此时的 b_t 可以被称作是知识共享"痛苦指数"。

（4）由以上分析可以看出，信誉均衡（知识共享率 π^* 的取值范围）位于自由选择和诚实守信之间。构建知识共享均衡模型的结论是知识输出方将建立"信誉"，无论是面对一个高的折现率 q_t 还是一个低的获利参数 b_t，知识输出方的最佳选择都是忠实地执行它公布的知识共享决策，背信弃义对自己没有任何好处，即使"忍受痛苦"也是应当的。

5.5.2　知识链知识共享信誉均衡模型的启示

构建知识链知识共享信誉均衡模型，将知识共享行为纳入一个长期时间序列考察，找出知识共享区间，研究信誉在知识输出方和知识接收方决策互动中的作用，可以得到以下启示：

（1）信誉是权力的来源，信誉效应会提高人们进行专用性资本（知识）投资的激励①。尤其在中国这样一个充满关系契约、依赖非正式制度的国家，信誉机制不但对提高经济效率、刺激经济增长有重要意义，而且在一定程度上还能够弥补法治的不完善，纠正政府的缺位与失灵。这意味着，对知识链和其他组织而言，应该通过各种方式保护信誉形成机制和传递机制。以上的研究已经表明：愿意进行知识共享的人或组织必然更加注重自己的信誉，一个有效率的信誉激励制度应该可以让讲信誉的人获得自我发展的社会资本，而不是仅仅用物质报酬去促使知识共享②。信誉有时候也是一种心理激励，戴尔和杰克逊·格雷森③证实了因为人们渴望被当作专家与伙伴，他们愿意将其最好的知识共享出来。

（2）只有将知识共享行为放到长时期、多阶段的时间序列中考量，信誉的作用才会凸显出来，如果双方的博弈是一次性的，即知识输出方采取欺骗的态度，使上期的知识共享实际值偏离预期值，（$\pi_{t-1} \neq \pi_{t-1}^e$）知识接收方就会预期本期依然是不守信用，这就很容易出现类似"囚徒困境"的局面，双方都采取个人最优但结果却是对整个知识链非最优的策略，这实际上也是一种"触发器策略"。只有在未来长期合作、多重博弈中受益，知识链中知识占优的组织才愿意进行知识共享，因此，必须提高长期合作收益期望 b_t 或者降低成本贴现因子 q_t，Chao - Min Chiu④等实证研究表明，社会互动关系、身份认同、信任、共同愿景与知识共享的数量

① 聂辉华. 声誉、契约与组织 ［M］. 北京：中国人民大学出版社，2009.

② Bock G. W. , Zmud R. W. et al. Behavioral intention formation in knowledge sharing examining the roles of extrinsic motivators, social-psychological forces and organizational climate ［J］. MIS Quarterly, 2005, 29（1）: 78－111.

③ O'Dell G. , Grayson J. G. If only we knew what we knew: The transfer of internal knowledge and best practice. ［M］. New York: The Free Ptess, 1998.

④ Chiu, Chao－Ming, Eric T. G. Understanding knowledge sharing in virtual communities: An integration of social capital and social cognitive theories ［J］. Decision Support Systems, 2006（6）: 1872－1888.

显著正相关，四个变量可以看作是 b_t 和 q_t 的二级维度指标。

（3）知识链由具有独立法人资格的不同创新主体组成，各组织之间的合作缺乏统一的权威指令，因此知识链契约的设计要有利于保护核心技术知识。相关研究表明核心技术知识的溢出会导致知识链成员脱离知识链[1]。为了维护运行的稳定，知识链组织的契约要体现"锁定"功能和"担保"功能。"锁定"功能是指契约规定成员各类资产（主要是知识产权）的投入需要具备专用性，一旦因为欺骗行为导致知识链解体，寻找新的合作伙伴将付出更多的交易费用，是专用性资产将成员"锁定"在知识链内部；"担保"功能是指知识链本身的良好信誉和影响力为知识链成员提供隐性担保（如社会网络、信誉、商标），成员的任何短视的机会主义行为都会被全体成员识别并拒绝继续合作。知识链契约的监督与协调对于实现整个组织合作创新目标、提升合作效率意义重大。例如，半导体行业核心技术知识专利要远多于钢铁行业，这些专利不但没有阻碍半导体产业的发展，反而促使竞争者更积极地参与知识共享，半导体行业的技术发展也远快于钢铁行业。

（4）信誉只是人或组织过去行为的累积记录，组建知识链的首要任务就是选择可靠的合作伙伴，这需要对其过去、现在和未来进行综合评估。在成员之间没有共同的关系网络相联系时，具有良好信誉的第三方中介服务机构能够促成双方建立常识性信任。知识链的第三方信誉评级体系通过一套经常性的、持续的评估审核分析体系对合作伙伴和所属联盟的行为机制、风险偏好、市场结构、行业前景等进行评估，用一系列社会规则来有效约束知识链成员的交易行为。建立知识链的第三方信誉评级体系，消费者协会、银行征信系统、专业的信誉评级机构等应该制定严格的规范、科学的评价方法和标准，以降低知识链内部不确定性，促成信任关系的产生和发展。

---

[1]　Arora A. , Fosfuri A. Wholly owned subsidiary versus technology licensing in the worldwide chemical industry [J]. Journal of International Business Studies, 2000 (31)：555 – 572.

5.6

本章小结

　　本章重新认识了知识共享对知识链运行的重要意义，分析了知识链知识共享的主体要素和客体要素。本章将知识链知识共享活动细分为知识集成、知识转化和知识反馈三个过程，并从利益、法律、社会三个角度研究了知识链知识共享的协调机制。本章最后重点研究了知识链知识共享的信誉问题，通过构建知识链知识共享信誉均衡模型，找到了知识共享区间即知识共享可实施范围，得出促进和激励知识链知识共享行为的策略。

第 *6* 章

知识链知识优势形成路径的
终点——知识创造

知识创造是知识链知识创新过程中最重要的知识活动。知识链经过知识获取和知识共享，为进行知识创造奠定了基础。知识创造是知识链知识优势形成的终点，通过创造新知识、新技术开发出新的知识产品，知识链在同行业中获取知识优势。知识链知识创造的动力从何而来？知识链知识创造的模式有何不同？这两个问题是本章研究的重点。

6. 1

知识创造的理论回顾

知识创造（knowledge creation）是日本管理学教授野中郁次郎（1991）在《知识创造型企业》一文中首先提出来的。他认为，知识创造是指组织在组织内部或组织之间创造并分享新显性知识和隐性知识的持续过程。[①] 根据知识的本体不同，知识创造分为四个层面：个体（individual）、群体（group）、组织（organizational）和组织之间（inter-organizational）层面，知识创造的 SECI 过程可能发生在任意两个主体层面之间，共有六对相关层面：个体—群体、个体—组织、个体—组织之间、群体—组织、群体—

---

① Ikujiro Nonaka. The Knowledge – Creating Company [J]. Harvard Business Review，1991（11）：94 – 104.

组织之间、组织—组织之间层面，知识在这些相关层面双向转化。（元利兴，宣国良，2002①）目前，关于组织之间的知识创造研究主要集中在战略（知识）联盟、供应链、虚拟企业、产学研合作、产业集群、网络等领域，主要有：

1. 战略（知识）联盟的知识创造

米凯尔·霍尔姆奎斯特（Mikael Holmqvist, 1999）研究了战略联盟的知识创造过程。他认为，战略联盟的知识包括个体知识、组织知识及组织间知识。组织间知识是通过两个知识库和8个知识转换过程创造的。个体知识和组织知识间的转换是潜移默化（Ⅰ）、外化（Ⅰ）、结合（Ⅰ）、内化（Ⅰ）。组织特有知识到组织间知识的转换则是：潜移默化（Ⅱ）、外化（Ⅱ）、结合（Ⅱ）、内化（Ⅱ）。潜移默化（Ⅰ）是从个体隐性知识到组织间隐性知识；外化（Ⅰ）是从个体隐性知识到组织间显性知识；结合（Ⅰ）是从个体显性知识到组织间显性知识；内化（Ⅰ）是从个体显性知识到组织间隐性知识；潜移默化（Ⅱ）是从组织内部隐性知识到组织间隐性知识；外化（Ⅱ）是从组织内部隐性知识到组织间显性知识；结合（Ⅱ）是从组织内部显性知识到组织间显性知识；内化（Ⅱ）则是从组织内部显性知识到组织间隐性知识②。吴泽桐和蓝海林（2003）构建了联盟知识创造的理论模型，探讨了战略联盟中知识创造的产生机制，强调了双循环学习是联盟知识创造的前提条件，讨论了联盟成员价值观差异对知识创造的影响③。谯欣怡和黄娟（2005）从组织与组织层面，探讨大学知识联盟促进知识创造的发生的保障机制、信任机制、沟通机制、管理

---

① 元利兴，宣国良.知识创造机理：认识论—本体论的观点［J］.科学管理研究，2002（6）：7-23.

② Mikael Holmqvist. Learning in imaginary organizations: creating interorganizational knowledge［J］. Journal of Organizational Change Management, 1999, 12 (5): 419-438.

③ 吴泽桐，蓝海林.战略联盟的知识创造［J］.科学学与科学技术管理，2003（10）：49-53.

机制和学习机制①。王冬春和汪应洛（2007）分析了知识联盟中知识转移和知识创造过程，构造了一个知识联盟的动态博弈模型，阐述了其吸收能力和知识透明程度对参与组织决策和利润的重要作用②。任利成、吴翠花和万威武（2007）构建了知识创造与服务创新的作用过程模型，以揭示联盟网络中服务创新的机理③。江旭和高山行（2007）研究了战略联盟合伙企业间的组织学习、知识分享和知识创造。认为，两种不同类型的组织学习在联盟知识管理过程中扮演了重要角色：吸收性学习决定了知识分享的程度，而开放性学习对知识创造具有决定性作用④。张明、江旭和高山行（2008）探讨了战略联盟中组织学习、知识创造与企业创新绩效间的关系。研究发现：联盟企业在通过学习获取外部知识的同时，更应注重在企业边界内创造新知识，从而提高其创新能力和绩效水平⑤。彭灿和胡厚宝（2008）提出了"巴系统"的概念，从组织学习的视角和冲突的特质框架理论出发，建立了知识联盟的知识创造模型——BaS – C – SECI 模型⑥。赵大丽、孙锐和卢冰（2008）分析了组织模式在动态联盟知识创造中的动力作用，探讨了动态联盟知识创造的组织学习机制，构建了动态联盟知识创造模型，分析和阐述了企业动态联盟知识创造的内在机制与过程⑦。黄吉曾（2009）在进化论的视角上揭示了战略联盟的知识创造过

① 谯欣怡，黄娟. 大学知识联盟中知识创造的动态过程 [J]. 高教发展与评估，2005（2）：55 – 57.

② 王冬春，汪应洛. 基于知识创造的知识联盟动态模型研究 [J]. 科学学与科学技术管理，2007（3）：94 – 97.

③ 仕利成，吴翠花，万威武. 基于联盟网络的知识创造与服务创新互动关系研究 [J]. 科学学与科学技术管理，2007（8）：54 – 58.

④ 江旭，高山行. 战略联盟中的知识分享与知识创造 [J]. 情报杂志，2007（7）：8 – 10.

⑤ 张明，江旭，高山行. 战略联盟中组织学习、知识创造与创新绩效的实证研究 [J]. 科学学研究，2008（4）：868 – 873.

⑥ 彭灿，胡厚宝. 知识联盟中的知识创造机制：BaS – C – SECI 模型 [J]. 研究与发展管理，2008（1）：118 – 122.

⑦ 赵大丽，孙锐，卢冰. 基于组织视角的动态联盟知识创造机制 [J]. 科学学与科学技术管理，2008（10）：113 – 117.

程①。郭慧、李南和徐颖（2011）在分析企业导师制一般过程的基础上，从知识主体、知识客体、团队环境三个层面提出了企业导师制过程中知识创造的影响因素概念模型。以知识转移量和知识创造量为衡量指标，建立其数学模型并模拟，主要分析了导师和学生的初始知识重叠率和异质知识比例对企业导师制过程中知识转移和知识创造的影响效果②。赵炎和王冰（2014）③以中国生物医药产业战略联盟网络为样本，将联盟网络的结构属性和资源属性结合，考察二者的交互作用对企业知识创造的影响。基于时滞效应的结果分析表明：企业在联盟网络中占据的结构洞或创新积累越多，其知识创造越显著；联盟伙伴创新能力发挥正向调节作用。联盟网络对企业知识创造的影响随时间呈现倒"U"形的关系。谢宗杰（2015）④在知识异质性基础上，以企业利润最大化为导向，采用演化博弈的方法，对结成创新联盟企业的研发投资策略决策及其对联盟稳定性的影响进行了研究，结果表明：①创新联盟伙伴的知识创造能力越强，联盟采纳机会主义策略的概率越低，有助于联盟稳定性的提升；②联盟伙伴企业具有适当的知识距离，有助于创新联盟的稳定；③创新联盟的外部知识可转移程度越低，创新联盟越稳定；④合理的创新收益分配方案是维持联盟稳定性的关键因素，让具有较强知识创造能力的企业获取更多的创新收益，更有利于联盟的稳定性。

2. 虚拟组织的知识创造

布·赫德伯格（Bo Hedberg）与米凯尔·霍尔姆奎斯特（Mikael

① Jih – Jeng Huang. Knowledge creation in strategic alliances based on an evolutionary perspective: a mathematical representation [J]. Knowledge Management Research & Practice, 2009 (7): 52 – 64.

② 郭慧，李南，徐颖. 企业导师制过程中知识创造效果研究 [J]. 情报理论与实践，2011 (8): 65 – 68.

③ 赵炎，王冰. 战略联盟网络的结构属性、资源属性与企业知识创造——基于中国生物医药产业的实证研究 [J]. 软科学，2014，28 (7): 59 – 64.

④ 谢宗杰. 知识异质性特征、研发投资策略与创新联盟稳定性 [J]. 外国经济与管理，2015，37 (8): 65 – 77.

Holmqvist，1999）提出了虚拟组织内部学习与知识转化模型。该模型中，虚拟组织的知识转换经过了组合化、潜移默化、国际化、清晰化四个阶段。其含义是：①组织的明晰知识，如规则，通过组合化的过程（编制操作手册）变成虚拟组织的共同规则，而模糊知识，如常规，通过潜移默化的过程（项目合作中共同工作）转化为虚拟组织的共同常规。②组织中的各种明晰知识在虚拟组织运行期间，将会被有甄别地应用于实践，转化为组织的共同常规。组织中的模糊知识在转移到虚拟组织的成员中后，虚拟组织的存储系统将其转化为书面文档并保存，完成知识的外化过程①。周颖和王家斌（2006）在知识转化模型——SECI 模型基础上，将其扩展建立了虚拟组织下的知识转换和学习模型，分析了在个人、组织和组织之间的知识转换和学习模式，提出了促进知识转化和学习的机制②。拉切瓦（2008）提出了关于虚拟合作的知识创造过程的概念框架③。赵大丽和孙锐（2008）分析了知识进化在虚拟企业知识创造中的动力作用，探讨了虚拟企业知识创造"场"，分析了虚拟企业微观层次的知识创造过程，构造了基于知识进化视角的虚拟企业知识创造模型，论述了虚拟企业的知识创造机制和过程④。程红莉（2011）认为知识创造的动力不仅存在于个人，而且存在于人与人以及人与环境相互作用的场中。从点、线、面三个层次剖析知识创造的场动力，并根据动力机制进一步探讨知识创造场的管理模式，旨在为知识创新管理提供指导⑤。商淑秀和张再生（2015）⑥ 站在知识共享的视角，利用演化博弈模型对虚拟组织的稳定性进行分析并做

---

① 罗彪，梁樑. 组织学习理论与实施模型［J］. 研究与发展管理，2003（4）：35－39.

② 周颖，王家斌. 虚拟组织中的知识转化和学习模式研究［J］. 科技管理研究，2006（1）：140－142.

③ Ratcheva V. The knowledge advantage of virtual teams-processes supporting knowledge synergy［J］. Journal of General Management，2008（33）：53－67.

④ 赵大丽，孙锐. 虚拟企业知识创造机理分析［J］. 科技管理研究，2008（4）：256－259.

⑤ 程红莉. 知识创造场的动力机制与管理模式研究［J］. 科技进步与对策，2011（2）：133－136.

⑥ 商淑秀，张再生. 虚拟企业知识共享演化博弈分析［J］. 中国软科学，2015（3）：150－157.

了仿真处理，使虚拟组织的演化路径及影响因素更加清晰。张保仓和任浩（2017）[①] 认为虚拟组织持续创新是利用组织对市场机遇反应的敏捷性与创新的速度性，持续不断地发现、抓取市场机遇并形成创意项目或创新产品，运用组织内共享的知识、技术、流程、信息、渠道等关键资源要素进行创新性集成、重组与整合，通过创新过程输出产品以满足客户需求，在此基础上创造或挖掘新需求，从而引发新产品成长和老产品再生，持续推出和实施新的创新项目，以实现创新经济效益的循环迭代过程。

3. 供应链组织的知识创造

刘明熙（2006）建立了供应链协同知识创造过程的框架，分析了知识创造的潜在障碍，提出了解决措施[②]。吴冰和刘仲英（2007）阐述了供应链协同知识创造的过程，构建了供应链协同的知识创造模式；研究了供应链协同的知识创造情境，提出供应链中"场"的构建，为供应链中的知识创造提供必要的空间；以丰田供应链为例，分析了供应链协同知识创造的"场"的构建方式和构建途径[③]。吴春义（2008）基于研究一种薄膜电晶体液晶显示器（TFT – LCD）面板制造商和一种集成电路板（IC）封装与测试生产，展开对供应链知识创造的研究，以确定社会化、内隐化、外部化、组合化模型（SECI模型）等因素是如何通过SECI模型和各种场理论模型来影响供应链环境下的知识创造，结果显示：这些关键因素通过促进知识转换过程，使供应链成功进行知识创造[④]。洪江涛和聂清（2010）运用博弈论，分析了集中决策和分散决策的情况下双层供应链中知识创造的行为。主要目的是在供应链中如何建立最优的知识创造协同机

---

① 张保仓，任浩. 虚拟组织持续创新：内涵、本质与机理 [J]. 科技进步与对策，2017，34（2）：1－8.

② Liu M X. The analysis on collaborative knowledge creation in supply chains, Proceeding of the 2006 International Conference on Management of Logistics and Supply Chain, 2006：115－120.

③ 吴冰，刘仲英. 供应链协同的知识创造模式研究 [J]. 情报杂志，2007（10）：2－4.

④ Chuni Wu. Knowledge Creation in a Supply Chain [J]. Supply Chain Management, 2008, 13（3）：241－250.

制，以提高整个供应链的工作效率①。康斯坦丁（Constantin，2014）② 认为供应链的灵活性已成为供应链企业保持竞争力的重要组成部分，内部知识与外部的知识转移活动对于以知识为基础的供应链企业的灵活性极其重要。伊德里塞（Edrisi，2015）③认为严格的数学模型规划与调度决策的整合能够解决大规模的问题并被广泛应用，能够提高企业的信息共享与沟通能力。骆温平和戴建平（2016）④ 认为在物流企业与供应链成员多边合作的过程中，供应链整体的知识吸收能力对供应链成员间学习产生直接的影响，通过供应链成员间的学习实现了基于供应链的知识共享与知识创新，而知识共享与知识创新对于供应链价值具有明显的增值效应；物流企业与供应链成员的多边合作需要从"为顾客解决问题"的知识共享与创新视角出发，建立和完善供应链内部的知识体系及学习机制，由此实现供应链的价值创造。

4. 产业集群的知识创造

李宏辉和刘刚（2006）分析了产业集群内的知识转化过程；认为主导企业在知识转化过程中发挥了组织和协调作用；提出了影响这种转化过程的三个关键因素，即企业间的信任度、企业吸收和转化知识的能力以及主导企业的组织和协调能力⑤。张丹宁和杜晓君（2007）认为，在中小企业知识创造与转化（SECI）的过程中，知识密集型服务企业促进了中小

---

① Hong Jiang-tao, Nie Qing. Game theory analysis on collaboration knowledge creation in supply chain. Proceedings of the 2010 IEEE International Conference on Advanced Management Science, 2010.

② Constantin B., et al. The impact of knowledge transfer and complexity on supply chain flexibility: A knowledge-based view [J]. International Journal of Production Economics, 2014 (147): 307 – 316.

③ Edrisi M E., et al. Supplychain planningand scheduling integration using Lagrangian decomposition in a knowledge management environment [J]. Computers & Chemical Engineering, 2015 (72): 52 – 67.

④ 骆温平，戴建平. 物流企业与供应链成员多边合作价值创造机理及实现——基于组织间学习效应视角 [J]. 吉首大学学报（社会科学版），2016，37（6）：24 – 30.

⑤ 李宏辉，刘刚. 产业集群知识转化分析 [J]. 华东理工大学学报（社会科学版），2006（1）：62 – 65.

企业集群的知识创造和转化，提升了中小企业集群的创新能力和竞争优势[①]。饶扬德（2007）阐释了区域知识创造中心的内涵，分析了构建区域知识创造中心的关键要素[②]。窦红宾和王正斌（2012）[③] 认为集群中的龙头企业可以凭借较强的中心性优势带动集群的知识创造，中小企业需要提升对知识的吸收能力，增进与其他企业知识交换活动的有效性。通过引入知识生产函数，构建企业合作进行知识创造的博弈模型，分析创意产业集群内企业通过合作知识创造与分配机理。姚家万和欧阳友权（2015）[④] 探究创意产业集群内，企业合作知识创造的动机，分析其在知识创造过程中的问题以及解决对策，以期为创意产业集群发展，提供有益参考。李浩（2016）[⑤] 等人研究提炼出了制度、产业氛围、惯例和普遍的互惠意识作为体系知识四要素，并依据体系知识的形成及作用，划分为主导维度、自发维度及依存维度，揭示了集群体系知识具有偏隐性、根植性、整合性、路径依赖性和知识壁垒性五个特性，进一步阐述了体系知识的创造机制。

5. 网络组织的知识创造

党兴华、李莉（2005）从知识位势角度出发，在网络环境及企业技术创新合作的背景下，以 Nonaka SECI 模型的认识论、本体论为基础，修正与改进 SECI 模型，构造知识创造 O – KP – PK 模型，论述了企业技术创新合作中的知识创造过程[⑥]。党兴华、李莉和薛伟贤（2006）在单一企业

---

① 张丹宁，杜晓君. 知识密集型服务企业在中小企业集群知识创造中的功能分析 [J]. 东北大学学报（社会科学版），2007（3）：228 – 232.

② 饶扬德. 基于 SECI 的区域知识创造中心构建 [J]. 科技进步与对策，2007（1）：97 – 100.

③ 窦红宾，王正斌. 网络结构、知识资源获取对企业成长绩效的影响——以西安光电子产业集群为例 [J]. 研究与发展管理，2012（1）：44 – 51.

④ 姚家万，欧阳友权. 创意产业集群知识创造与分配机理研究 [J]. 湖南科技大学学报（社会科学版），2015，18（1）：94 – 100.

⑤ 李浩，黄剑，张红杰. 集群体系知识及其创造机制分析——基于大连软件园的案例研究 [J]. 情报杂志，2016，35（1）：201 – 207.

⑥ 党兴华，李莉. 技术创新合作中基于知识位势的知识创造模型研究 [J]. 中国软科学，2005（11）：143 – 148.

知识创造研究的基础上，通过知识溢出效应与社会资本将单一企业与技术创新合作网络相连接，对网络环境下企业技术创新合作中的知识创造进行描述，拓展了基本的知识创造研究，并建立相应的认知合作知识创造模式①。余东华和芮明杰（2007）分析了模块化网络组织内部知识流动和技术创新的动态过程及其相互作用机制②。巴勒斯特林、巴尔加斯和法亚德（Balestrin & Vargas & Fayard，2008）研究了小企业网络中动态知识创造的产生。研究显示，合作网络中可以提供集体学习的环境③。马鹤丹（2011）从区域创新网络的视角，借鉴野中郁次郎和竹内弘高的 SECI 模型和知识创造场理论研究企业知识创造的机理，揭示基于区域创新网络的企业知识创造的过程，分析区域创新网络中的科学场、经济场和服务场对企业知识创造的重要作用④。张鹏程和彭菡（2011）从社会网络结构特征的视角出发，对科研合作网络与知识创造绩效的关系展开了分析，选取了管理学领域的 24 个科研合作团队，收集了他们在 6 年时间发表的 1 494 篇论文，并通过识别 888 个作者的合作关系建立合作网络模型⑤。

从对相关文献的梳理可以看出，关于知识创造的研究大多没有跳出野中郁次郎和竹内弘高的 SECI 模型，或者在此基础上的改进应用或只研究知识创造的一个循环和周期，把知识创造当作一个孤立的知识活动。知识链是一个组织联合体，其知识创造活动不仅仅是隐性知识和显性知识的转化，更要涉及组织之间和组织之外的互动，本研究借鉴和吸收系统论的思想、方法，将知识链知识创造视为一个嵌入宏观环境中的系统，构建了知

---

① 党兴华，李莉，薛伟贤. 企业技术创新合作中的知识创造 [J]. 经济管理，2006（5）：36 - 39.

② 余东华，芮明杰. 模块化网络组织中的知识流动与技术创新 [J]. 上海管理科学，2007（1）：20 - 26.

③ Balestrin, A., Vargas, L. M., Fayard, P. Knowledge creation in small-firm network [J]. Journal of Knowledge Management, 2008（12）：94 - 106.

④ 马鹤丹. 基于区域创新网络的企业知识创造机理研究 [J]. 科技进步与对策，2011（1）：136 - 139.

⑤ 张鹏程，彭菡. 科研合作网络特征与团队知识创造关系研究 [J]. 科研管理，2011（7）：104 - 112.

识链知识创造系统动力机制的 ERP – GDE（economic resources policy—generation development evolution）模型，尝试来揭开系统动力的"黑箱"。

从不同的角度看，知识链知识创造可以有不同的模式，但所有的模式有一个共同的指征，就是知识创造不能脱离创造的出发点和落脚点，即知识产品生产、市场价值创造、核心能力获取，这分别对应技术导向、市场导向、制度导向。从这三个维度出发，可以将知识链知识创造模式划分为元件创新与架构创新、概念创新与路径创新、协同创新与网络创新。通过对知识链知识创造的动力和模式一横一纵的研究，基本上可以得出其定义：知识链在知识获取、知识共享的基础上，开发产生新知识，并将新知识应用于产品，以提高知识附加值和市场占有率。

6.2

知识链知识创造的动力机制[①]

学者们主要把知识创造系统动力机制的区分为内、外部机制，并认为创造系统动力机制的来源是内外部机制的共同作用。内部动力机制主要指的是存在于创造主体内部的能够对创造活动产生驱动力的因素，如内部激励机制、学习机制、制度创新机制、企业家精神、组织结构创新等；外部动力机制主要指的是创造主体外部能够对知识创造活动产生直接和间接影响的因素，如经济环境、资源条件、制度保障等。通过对知识创造系统动力机制的学术梳理可以看出，国外学者无论是技术推动还是市场拉动主要是外部环境宏观研究，而国内相关研究多是一种静态的、网络范式分析，都没有揭开系统内部动力机制的"黑箱"。

根据 Forrester 著名的系统动力学"内生"观点之"系统之宏观行为源自其微观结构"，要分析系统的运行，必须首先研究系统的微观要素结构，而促进微观要素相互依存、相互作用的根本原因是系统的动力机制。

---

① 张省，顾新. 城市创新系统动力机制研究［J］. 科技进步与对策，2012（5）：35 – 39.

分析知识链知识创造的动力机制，本研究认为动力机制的来源是内外部机制的共同作用。内部动力机制主要指的是存在于创造主体内部的能够对创造活动产生驱动力的因素，如内部激励机制、学习机制、制度创新机制、企业家精神、组织结构创新等；外部动力机制主要指的是创造主体外部能够对创造活动产生直接和间接影响的因素，如经济环境、资源条件、制度保障等。

6.2.1　知识链知识创造动力机制理论模型

知识链知识创造动力机制是指在知识链内，刺激和推动创造主体产生知识创造需求，并转化为创造行动的制度化条件。动力机制为整个系统提供和传输运动、发展、变化的能源和能量，使知识创造活动保持旺盛的动力，保证知识链主体获得更大的利益，同时也为社会创造更多的价值和使用价值。知识链知识创造动力机制包括：第一，动力生成机制。动力生成是指知识链知识创造系统形成的诱发因素。新古典经济学家把市场视为创新的动力源；克鲁格曼[①]认为是"偶然因素"导致了创新行为的发生；制度经济学派的基本观点是制度创新带动技术创新。本书从动力生成的过程来考察动力生成机制，并认为动力生成可以分为标识、聚集和黏着三个连续过程。第二，动力发展机制。动力发展是指推动知识链知识创造动力机制成长并走向成熟的稳定动力机制。创造动力一旦形成，在市场引力和政策推力的共同作用下，会产生学习效应，将吸引更多的创新要素向知识链集中，这在很大程度上降低了搜寻成本和交易费用，有利于知识创造成果的扩散。本研究认为动力发展可以分为三个阶段：流动、溢出和涌现。第三，动力演进机制。知识链知识创造系统的开放性决定知识链应该根据创造的需要来吸收和消化外界的知识资源，从而完善内部的系统

---

① Krugman. The role of geography in development [J]. International Regional Science Review，22（2）：142 – 161.

结构。如果能够动态地和外界进行信息、物质和能量的交流，知识链知识创造动力系统就会演进到更新期；反之会因为动力的不足进入到衰退期。知识链知识创造系统的动力演进机制一般也包括三个阶段：锁定、内卷和涨落。

知识链知识创造系统是一个开放的系统，它必须从系统之外引入大量的负熵流，才能降低自身的熵增，保证系统运行的有序性，所以知识链知识创造系统是嵌入更为复杂社会经济系统之中，其动力机制的运行也必然受到经济环境、资源环境和政策环境的影响，构造模型必须考虑系统的外部环境，但是外部环境不是系统动力机制分析的重点。知识链知识创造系统同时是一个复杂的社会系统，研究其动力机制需要从分析系统的内部结构入手，这也是国内许多学者的研究路径。由于系统要素之间非线性、时滞性和系统性的关系特征使得知识链知识创新系统结构呈现复杂性和模糊性，本书从动力机制运行的一般过程出发，考察动力生成、动力发展和动力演进三个阶段，并把每个阶段按照时序关系和因果关系进行划分，整体上对知识链知识创造系统动力机制构建一个直观的、线性的和闭合的回路过程。知识链知识创造系统动力机制的 ERP – GDE（economic resources policy-generation development evolution）模型如图 6 – 1 所示。

1. 知识链知识创造动力机制的生成

（1）标识。在对知识创造系统动力机制的源头探索过程中，学者们逐渐认识到创造系统是一个复杂适应系统，动力源不只是一个，并且会随着时间和条件的变化而改变。霍兰[1]（2000）把在科学和技术创新中引导知识创造资源向某一领域（地域）集中起作用的机制叫作标识。他认为标识是为了创新集中和边界生成而存在的一个机制，是知识创造动力的起点，先进的产业技术、知识共同体、环境保护的口号等都是标识。

---

[1] John. Holland, Emergence from Chaos to Order［M］. Helix Books, 2000.

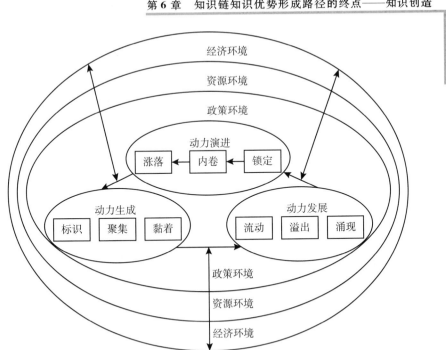

图 6 - 1　知识链知识创造系统动力机制的 ERP - GDE 模型

通过标识的作用，不同背景的人和机构连接在一起组建链条（网络），从事知识创造活动。在我国政府行政能力强大的环境下，标识被赋予了更深刻的意义，具有更强的解释力。当一个行业被定位成"高新技术行业"，在这个标识的指引下，相关的知识产权、创意公司、风险投资机构和高新技术人才会自动集中，各个创新主体在相互匹配后形成产业群、产学研共同体等知识联盟。

（2）聚集。在标识的引领下，企业、大学、科研机构、政府和中介服务机构通过相互作用而组成的聚集体可以形成更高一级的创新主体——知识链，包括产业集团、产学研联盟和创新集群。集聚的方式主要有三类：市场集中、技术创新聚集和产业地理集聚。

一般而言，产业地理集聚是聚集的第一步，它能够加快技术创新聚集，技术创新聚集促进创新要素市场和产品市场的集中；技术创新聚集也能吸引产业地理集聚，产业地理集聚产生正向外部性，从而加剧市场集中；市场集中所产生的超额利润进一步推动技术创新聚集，吸引更多的企业涌向特定产业区域使地理集聚程度更加加深；三个的互动关系最终导致创新集群的产生①。如图6-2所示：

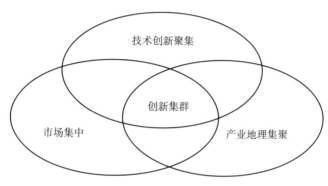

图 6-2　创新集群的产生

（3）黏着。霍兰（2000）提出创新主体的黏着机制，他认为：聚集体中的主体通过代代相传，可以逐渐适应，并可充分利用聚集体中其他主体提供的特定环境。通过对黏着机制进一步的研究，他得出结论：多个聚集体实现黏着的关键是标识以及标识之间的匹配。

借鉴遗传学的理论，霍兰从获取资源的角度给创新主体分配一个"染色体"，"染色体"（主体规则）只是刻画两个标识：进攻标识和防御标识。当两个主体在某个位置相遇时，一个主体的进攻标识与另一个主体的防御标识进行匹配，如果匹配得好，那么它就能获取对方大部分资源，甚至可能获取其染色体上面的资源；如果匹配得不好，这个主体只能获得对方库存中过剩的资源，或者一无所获。

按照匹配的方式，知识链知识创造系统中黏着标识可以分为四种类

---

① 王福涛，钟书华. 集聚耦合对创新集群演化的影响研究［J］. 中国科技论坛，2009（3）：38－42.

型：①知识标识，如科学与技术知识。②制度与政策标识，如创新制度与政策。③产品标识，如物质与精神产品。④活动标识，如绿色技术创新与节能技术创新①。正是知识创造系统中的黏着标识，规定了主体间交互作用的边界，从而生成不同的"创新域"——某一产业或某些产业的企业群集在一些特定的地区，从而形成区域创新集群。

2. 知识链知识创造动力机制的发展

（1）流动。知识链知识创造系统动力生成后，创新活动会稳定地"锚定"在相关的创新主体之间，从而形成低层次的知识创造系统。要打破这种藩篱，需要技术创新要素的充分流动。创新要素流动主要包括物资流、人才流、金融流、技术流等，在复杂的要素网络中，创新要素的流动的本质是知识流。

知识能够在不同创新主体之间流动的前提是知识势差，即创新过程中的技术知识发出者与技术知识接受者之间在技术知识储量、技术知识结构和嵌入性方面的差异②。从某种意义上讲，知识创造系统可以被看作是知识流动的网络系统，网络中的各节点间的关系链既是知识传递的通道，也是知识在流动过程中进行增值的价值链。在知识链知识创造系统中，最重要的知识流动是企业间的技术合作。合作创新会产生规模经济，会消除重复研究和重复投资，给企业带来高于远自身回报率的社会回报率。OECD的研究表明，企业间的技术合作是技术转移的有效形式，已经成为研究开发合作组织成败的关键因素。

（2）溢出。知识能够在创新主体间流动只是动力机制发展的第一步，新知识只有共享的人越多，知识的价值和效用才越大，这就是知识的外溢效应。阿罗（Arrow，1962）最早用外部性解释了知识溢出效应对经济增长的作用，并提出"干中学"理论。菲德曼（Feldman，1999）对知识溢出和创

---

① 丁堃. 开放式自主创新系统及其应用［M］. 北京：科学出版社，2010.
② 宋保林，李兆友. 技术创新过程中技术知识流何以可能［J］. 东北大学学报（社会科学版），2010（7）：289－293.

新之间的关联机制进行了经验性研究，得出结论是具有较高水平的"知识基础设施"地区，由于地区内知识溢出而产生较多的创新成果。

知识溢出的量可以借用福森伯格（Verspagen，1993）的知识溢出模型来测度。假设 S_i 为知识主体 i 接受知识主体 j 的知识溢出，δ_i 为 i 学习能力，γ_{ij} 为 i 和 j 的距离，G_{ij} 为两知识主体间知识存量商的对数，μ 为技术追赶系数，是指 i 和 j 技术追赶实现情况下的知识存量差距，知识主体 i 接受知识主体 j 的知识溢出效应公式为：

$$S_i = \frac{\delta_i}{\gamma_{ij}} e^{-\left(\frac{1}{\delta_i} G_{ij} - \mu_i\right)^2} \tag{6.1}$$

福森伯格模型主要表示了知识溢出发生的原因来自主体间知识差距和地理距离[①]。此后的学者对该模型进行了多次修改，重新界定知识吸收能力、空间技术距离等概念，并加入了信息便利、文化相似等影响知识溢出的因素，但此模型仍是衡量知识溢出强度的基本模型。

（3）涌现。涌现是系统科学的概念，指的是个体在相互作用和相互影响后，形成的整体具有个体所不存在的特征、属性、行为。在大量的知识流动和溢出后，知识创造系统进入到知识搜寻和试错阶段，创新主体通过对知识的遗传、杂交、嫁接，并不断地总结、延伸和提炼，最终创新产品开发成功。一般而言，产生涌现的是对现有技术的改进，是遗传学意义上的创新；还有一种"突变式"的涌现，即重大技术变革，如无线电、晶体管和计算机的发明。

涌现是知识链知识创造系统动力机制发展的顶点，也是整个系统运行的最佳状态。涌现的发生，系统一般要经历混沌状态，如组织涣散、目标模糊、正熵增加等，这也是知识创造产生的最佳时机，创新主体在这个阶段创新思维最活跃，此时知识链具有最强的创造力。比尔·盖茨回忆说，当决定开发视窗操作系统但 windows 系统还没有成型的时候，整个团体处在迷茫、焦虑的状态，最终的产品也正是依靠员工的新奇思维的汇总而研

---

① 郑展. 知识流动与区域创新网络 ［M］. 北京：中国经济出版社，2010.

发出来。

3. 知识链知识创造动力机制的演进

（1）锁定。演化经济学家的基本观点是创新系统是具有正反馈机制的随机非线性动态系统，系统动力会在既定的创新思路或者某些偶然因素的影响下，沿着一条固定的路径演化。涌现发生以后，知识产品给生产者带来巨额价值，同样也给消费者带来剩余，使其在市场上的地位逐渐得到强化，形成"不可逆的自我强化倾向"（W. Brian Arthur，1989）。

阿瑟（Arthur）认为，这些自我强化机制的结果至少会导致两种现象——路径依赖和技术锁定①。对创新产品市场而言，锁定并不意味着知识创造的终结。对现有的创新产品而言，如果新技术对产品的性能有了极大的提高，以至于用户从采用新技术中获得的收益超过了转换成本，那么即使存在转换成本，用户也不会被锁定在原有技术上；反之，消费者有可能继续使用原来的创新产品。在这个过程中，网络效应至关重要，更有效率的 DSK 键盘之所以没能取代 QWERTY 键盘根本原因是已经形成了人数众多的 QWERTY 键盘使用群体网络。

（2）内卷。内卷是一个社会学概念，源于美国人类学家吉尔茨（Chifford Geertz）的《农业内卷化》。根据吉尔茨的定义，"内卷化"是指一种社会或文化模式在某一发展阶段达到一种确定的形式后，便停滞不前或无法转化为另一种高级模式的现象。如果说锁定是针对创新思想和技术路线而言，那么内卷则是指动力机制的一种状态：创新模式的刚性逐步增强，知识链知识创造系统追求的是技术细节的完善和文化氛围的和谐，在知识链内部变得更加精细和复杂。

对知识链知识创造系统而言，内卷就意味着低效率和交易成本的上升。当知识产品带来稳定的利润时，创新管理的战略由任务管理向

---

① 熊鸿军，戴昌钧. 技术变迁中的路径依赖与锁定及其政策含义［J］. 科技进步与对策，2009（11）：94－97.

制度建设过渡，科层制逐步建立，决策集权度提高，成员互动密度降低，知识的流动和溢出减弱，创新的动力停滞，这也能够解释为什么创新系统在创新成果研发成功后多采用小型、松散、人性化管理的组织机构。

（3）涨落。自组织理论认为：当一个开放系统远离平衡态，且内部存在非线性相互关系的时候，系统就会发生涨落。知识链知识创造进入内卷阶段后，内外部动力失衡，混乱度最大，无序性最高，组织最简单，信息量最小，系统被维持在这种"死"结构，创新很难取得进展。所谓涨落，就是对系统某种均衡或者稳定的偏离，系统内的一个新思维甚至是一个随机力量会对系统动态能力系统产生微小的偏离，并通过内部子系统的自组织运动被放大，形成巨涨落，促使系统从不稳定的状态跃迁到一个新的有序状态。

知识链知识创造系统所包括的从设想的产生、研究、开发、商业化生产到市场应用形成产业等几个过程都存在涨落的现象。这些涨落引起技术创新的产生、发展和扩散，通过非线性机制作用，使原有的技术系统产生演化，产生出具有新的更高有序态的技术系统的形式。因此，技术创新中的涨落成为知识链知识创造的新动力①。

6.2.2　知识链知识创造动力机制运行周期

从现实知识创造实践角度考察，知识链知识创造系统动力机制并不是严格遵循生成—发展—演进这样一个线性的运行过程，但是就像产品生命周期和组织生命周期一样，能够在一个周期内大致刻画出知识链知识创造系统动力机制的运行过程（如图6-3所示）。

---

① 范柏乃．城市技术创新透视［M］．北京：机械工业出版社，2003．

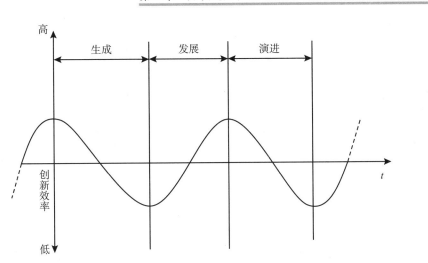

图 6 – 3　知识链知识创造动力机制运行周期 COS 模型

如果把知识创造效率（创新产出/创新投入）设为纵坐标，把时间设为横坐标，对知识链知识创造系统动力机制一个周期进行拟合，可以得到一条类似于三角函数 COS 曲线。该曲线从标识开始，由于在生成阶段创新投入较多而产出较少导致创新效率较低，到黏着阶段效率最低；从流动开始，知识的外溢开始发挥作用，创新效率在涌现处达到顶峰；知识创造系统动力机制于锁定阶段开始下降，创新效率在涨落处达到波谷，但同时又是另一个周期的开始。

在创新政策的制定上，创新主体要遵循知识链知识创造系统动力机制运行规律：当市场、技术或者政策发挥作用的时候，各类创新资源向某一行业、领域聚集，在此创新动力生成阶段不能要求创新主体研发出创新成果或者产出创新效益，而是要加强政策引导，培育中介服务组织，为创新活动搭建良好的平台；在创新动力发展阶段，创新思想和创新产品纷纷涌现，此时需要做两个方面的工作，一是加大对创新产品的孵化力度，尤其是要加大新兴产品、具有广阔的市场前景的产品的孵化力度，二是要做好知识产权保护工作，用法律维护创新主体的合法权益；在创新动力演进阶段，不但要"引进来"新技术和新资金，更要鼓励创新主体"走出去"，通过建立知识网络促进城际交流甚至是国际交流加快创新要素的流动速率，提升创新组织的耦合水平，着力打造新的创新联盟。

6.3

知识链知识创造模式

2012 年 7 月 6 日～2012 年 7 月 7 日，胡锦涛总书记在全国科技创新大会上指出，到 2020 年我国要基本建成适应社会主义市场经济体制、符合科技发展规律的中国特色国家创新体系，进入创新型国家行列。在已建成的创新型国家里，创新在很多行业里取代价格成为竞争的主要规则，跨国公司通过创新最大程度减少竞争中的不确定性，获得可持续的增长[①]。创新不属于纯粹技术范畴，自约瑟夫·熊彼特（Joseph Schumpeter）首次提出创新概念并加以经济学阐释后，学者们分别从技术[②]、产业[③]、制度[④]、管理[⑤]、文化[⑥]等角度尝试探究创新之源。美国麻省 Enotovation 国际咨询公司总裁、著名战略专家黛布拉·阿米顿（Debra Amidon）在 1993 年首次提出"知识创造"的概念：知识创造是通过互换、交流等方式将新思想与经济服务等活动融合，以促进企业获得成功、国家进步、社会进步的一种手段和过程[⑦]。国内有关知识创造的研究主要集中在知

---

① William Baumol. The Free Market Innovation Machine：Analyzing the Growth Miracle of Capitalism ［M］. Princeton University Press，2002.

② Solow R. Technical Change and Aggregate Production Function ［J］. Review of Economics and Statistics，1957（8）：312－320.

③ Mansfield E. The Economics Analysis Technical Change ［M］. New York：W. W. Norton and Company，1971.

④ 李士等. 创新理论导论 ［M］. 安徽：中国科学技术大学出版社，2009：2－13.

⑤ 彼得·德鲁克. 创新与创业精神 ［M］. 张炜译. 上海：上海人民出版社，2002：31－37.

⑥ Qingrui Xu. Building up innovation culture for total innovation management ［C］. Engineering Management Conference，2003：273－278.

⑦ Debra Amidon. The Knowledge Agenda ［J］. Journal of Knowledge Management，1997，1（1）：27－37.

识创造战略①、集成创新②、知识创造与竞争优势关系③等领域，很少从创新主体企业的角度探讨知识创造，而且结合案例分析的研究成果也不多。本研究在对国内外知识创造理论梳理的基础上，提炼出知识链知识创造模式理论框架，并分析三种模式下的具体应用案例，以期为我国企业的知识创造提供可操作的管理框架。

6.3.1 理论构建

1. 理论背景

目前国际上知识创造研究最有影响力的当属以野中郁次郎（Nonaka）、竹内弘高（Toyama）为代表的日本学者。野中在 1994 提出了著名的知识转化螺旋模型④，该模型系统阐述了组织学习过程中知识创造的社会化（socialization）、外在化（externalization）、整合化（combination）和内在化（internalization）的四个螺旋式转化过程，进而运用东方文化背景知识转化场所（Ba）的概念，整合出知识创造 SECI 模型。SECI 模型及 Ba 概念的贡献是指出了知识创造本质上是隐性知识与显性知识的相互转化，并描述了从知识概念到知识产品的知识创造过程，但对知识组织之间（知识链）的知识协同创新没有做出解释。

巴顿（Barton）将知识创造区分为"时间—空间"两个维度，时间维度包括"目前"的知识创造和"将来"的知识创造；空间维度包括"内部"的知识创造和"外部"的知识创造，据此搭建了企业知识创造与核

---

① 杨燕，高山行. 基于知识观的三种自主创新模式的实证研究［J］. 科学研究，2010，28（4）：626–634.

② 王众托. 系统集成创新与知识的集成和生成［J］. 管理学报，2007（5）：103–107.

③ 蒋天颖，张一青，王俊江. 企业社会资本与竞争优势的关系研究——基于知识的视角［J］. 科学学研究，2010，28（8）：1212–1221.

④ Ikujiro Nonaka. A dynamic theory of organizational knowledge creation［J］. Organization Science，1994（5）：14–37.

心能力关系框架①。他又根据时间—空间维度将知识创造分解为四项基本活动：生产当期产品、提高运作效率、创造未来能力、外部技术导入，通过整合四项活动企业可以获得核心竞争力。巴顿探究了企业或行业内部差异化的知识活动，他构建的模型揭示了知识创造是一个复杂性、系统性的活动，不同的企业或行业，按照其规模、产品类型、创新目标、创新来源可以采用不同的知识创造模式，没有"通用的""通行的"模式可照搬。

知识的本质在于其共享性和创造性。知识协同（knowledge collaboration 或 knowledge synergy）被称为第三代知识管理，它要解决的不是技术供给问题，而是复杂多样的知识技术资源与现实应用之间的脱节，知识协同特别适用于复杂产品的创新②。对企业实践而言，知识协同创新的视角更为具体，它勾勒出了知识创造的多元主体协同互动的网络特征，随着博弈论、社会网络、社会资本等理论和研究方法的引入，知识协同创新在厘清主体间合作关系、测量创新主体对创新的贡献度、解构具体案例、打通从创新组织联盟到区域创新系统的升级渠道等研究领域的优势越来越明显，成果也越来越丰富。

2. 理论框架

从以上三个主流的知识创造理论的梳理可以看出，依据不同的范式，知识创造模式有不同的划分方式，但所有的模式有一个共同的指征，就是知识创造不能脱离创新的出发点和落脚点，即知识产品生产、市场价值创造、核心能力获取，这分别对应技术导向、市场导向、制度导向。从这三个维度出发，可以将知识链知识创造模式划分为元件创新与架构创新、概念创新与路径创新、协同创新与网络创新，本研究构建的知识创造模式三维结构图如图 6 – 4 所示。

---

① Dorothy Leonard – Barton. Core Capabilities and Core Rigidities. A Paradox in Managing New Product Development［J］. Strategic Management Journal，1992（13）：111 – 125.

② Tang H. K. An integration mode of innovation in organizations［J］. Technovation，1998，18（5）：297 – 309.

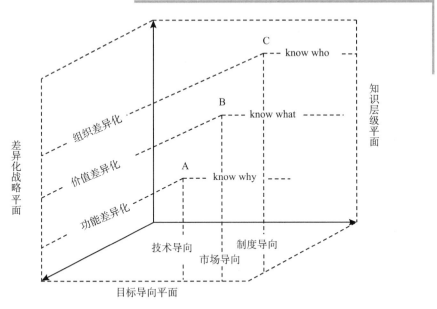

图 6 - 4　知识链知识创造模式三维结构

元件创新与架构创新对应于图 6 - 4 中的 A 点。元件知识是关于认知对象整体或者其构成要素的知识，它是离散的个体知识；架构知识是把各个元件整合并联结成一个整体的知识，这种知识存在于联结之中。创新不仅会发生在元部件层面（如新型引擎催生了新能源汽车），还可能涉及元部件之间组合及其之间的联结的变化。此类知识创造模式认为整个知识系统被分解为若干个子系统，以降低子系统之间的相互依赖性。在知识层级上，元件创新与架构创新可以被理解为"know-why"（原理知识），这是用来描述组成部件工作原理以及影响因素等因果关系的知识系统。该模式通常采取功能差异化战略，在不改变基本使用价值的前提下，通过延伸或附加功能的不同提高产品竞争力；该模式的目标是技术导向，即产品创新和工艺创新，目标的实现依赖于专利或蕴藏于技术人员自身独特的技巧。

概念创新与路径创新对应于图 6 - 4 中的 B 点，它是指知识产品在生产和服务领域颠覆性的变革，导致市场或产业的重新洗牌，主要表现形式为新产品的问世、性能的大幅提升或成本的大幅削减。该知识创造模式是基于市场导向的创新，一般是按照非主流用户的需求改进轨道上进行的创新（如随身听 walkman 的研发），它专注于顾客对产品的感知与评价，其逻辑起点是顾客的价值主张，然后通过非线性、不连续的过程突破寻求新的路径、新的方法，最后的创新成果往往是供顾客选择的价值方案而不是产品组合。这种知识创造模式路径自外而内，利用"know-what"（事实知识）回答"这个产品到底给我带来什么"的问题，顾客价值取向的表达决定了产品的发展方向，从而改变组织的路径依赖性和固有惯例，创造出新的产品和市场。

协同创新与网络创新对应于图 6-4 中的 C 点。知识协同创新是指创新主体跨越企业、产业的边界，通过与知识客体、知识环境的充分互动（知识共享、知识整合），达到时间、空间上有效协同的状态，实现知识创造的"双向"或"多向"的多维动态过程①。由于知识主体之间要促成"并行"或"串行"的协同工作，因此网络结构是知识协同创新最常用的组织结构。在中国这样一个充满关系契约、依赖非正式制度的国家，组建知识网络首要解决的不是协同技术问题，而是知识联合体内的制度建设问题。知识网络所要实现的是"know-who"（主体知识）知识层级，通过构建不同形态的知识链，使组织学习、利用和创造知识的整体效应大于各独立组成部分总和的效应，最终形成具有制度创新功能的复杂的网状结构模式。

6.3.2 案例研究

1. 元件创新与架构创新模式案例

北大方正激光照排技术的发明，是一个出现在中国的重大创新，它使

---

① Miles R. E., Miles G., Snow C. C. Collaborative Entrepreneurship: How communities of networked firms use continuous, innovation to create economic wealth [M]. Stanford, C A., Stanford University Press, 2005.

我国的印刷业告别了"铅与火"，迎来了"光与电"的时代①。该项目的背景是 20 世纪 70 年代末面对外国厂商向中国激光照排系统市场渗透，根据国家发展战略，四部委以及新闻出版署下达的一项科研任务（"748"工程），其目的是早日攻克汉字的输入、编辑、显示、输出等技术难题，保持在国际同行业技术领先地位。可见，在当时的市场前景不明朗的情况下，北大方正激光照排项目并没有过多考虑市场和盈利，而是纯粹从技术创新角度立项的。

从知识架构角度看，汉字激光照排技术首先要解决两大模块的融合问题，即汉字的存储和输出与激光照排技术的应用两者的融合。前一模块中的核心难题是汉字的压缩和还原问题，后一模块的核心难题是激光照排样机如何与实际应用结合的问题，每一个模块中又涉及从工作原理"know-why"到计算机的技术实现，例如，王选创造性的用轮廓来描述汉字的点、撇、捺等不规则笔画，用参数来描述横、竖、折等规则笔画，最终大幅减少汉字字模的信息量，汉字字形的还原质量也随之提高。汉字激光照排技术创新知识元件与架构图（如图 6-5 所示）显示出知识元件创新与架构创新的特征——一种全息结构，各知识元件之间关系不是支配与附属，也不是整体与部分，而是靠组织的架构能力（有时表现为创新之父的组织能力）改变联结的方式，达到类有机生物系统的关系，每个知识单元以自我复制的方式确定其边界，首席科学家作为架构中心来维持其核心设计概念不变。

2. 概念创新与路径创新模式案例

丰田公司开发的 corolla 系列汽车，是概念创新与路径创新的典范。截至 2011 年年底，全球 corolla（花冠）累计销售超过 3 800 万辆，创造全球的销售神话。② corolla 自诞生以来，连续 35 年蝉联日本国内汽车销售冠

---

① 柳卸林. 基于本土资源的重大创新——汉字信息处理系统案例研究［J］. 中国软科学，2006（12）：44-51.

② ［美］杰弗瑞. 丰田文化：复制丰田 DNA 的核心关键［M］. 北京：机械工业出版社，2012.

军。2012 年 7 月 5 日第十一代 corolla 已经在日本推出发售，本研究运用概念创新与路径创新模式来分析第七代 corolla 的诞生之路。

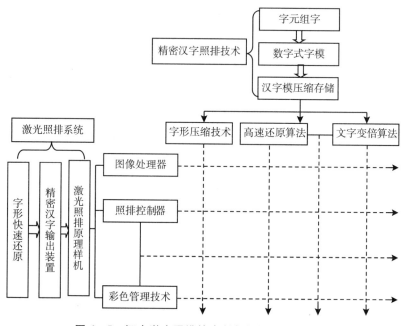

图 6-5　汉字激光照排技术创新知识元件与架构

20 世纪 90 年代初，汽车产业的大环境已经发生了改变，汽车不再是一般意义上的交通工具，人们开始追寻"精神满足"，带着这个理念，丰田公司开始了 corolla 第七代的研发。研发团队通过驾驶体验和在顾客中收集的意见，将新款车开发概念定位成"引领高品质时代"，总设计师齐藤明彦使用隐喻"心灵深处的感动"来描述这款车型，后来又进一步定位为"大而安全"。概念一旦被创造出来了，技术设计就有操作化的依据。经过无数次测试和讨论后，在由各个公司顶尖设计师汇聚的"士别训练营"里，第七代 corolla 的设计思想原则被确定下来：①充满知性美的样式以及创造出人性化的舒适空间；②更进一步的"行""转""停"的卓越行驶性能；③彻底寻求人们内心所需的安全性和信赖感。

根据新的设计概念，第七代 corolla 进行了大幅度改进。首先按照顾客排名第一的价值诉求——安全，增加了多种改进后的安全装置，如 ABS 防抱死系统用于急刹车时的汽车轮胎控制，高位制动灯为后车增加了可见度。另外，电脑分析车身安全结构，驾驶席 SRS 空气囊，侧门防撞梁等安全装置也被引进，这些改进后的装置至今还被用于现在的车型上。其次是舒适度的提升，轴距的增大，车内空间的扩容，设计人员还从硬件和刹车方面的安全操作进行考虑，所有车型采用前轮通风盘式制动器，某些型号采用大直径转盘、反活塞制动钳，具体的研发过程如图 6 - 6 所示。丰田公司第七代 corolla 的研发一改传统汽车研发的一般路径，而是先从顾客的价值诉求出发，进行市场分析，然后定位整款车的设计概念。最后才是具体技术的使用，整个路径是一个螺旋上升的过程，员工的知识内化为公司的资产，成为创新之源。

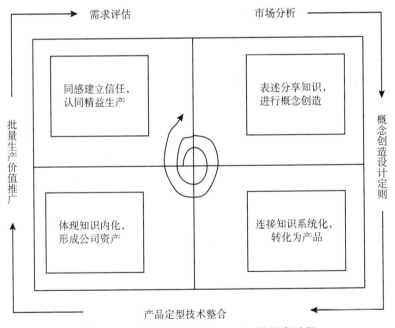

图 6 - 6　丰田公司第七代 corolla 的研发过程

3. 协同创新与网络创新案例

思科公司是全球领先的互联网解决方案供应商，2008年销售收入395亿美元，在2009年美国《财富》500强中排行第57位，在高盈利科技企业排行榜位于第3位。思科的电子商务交易平台是一个知识网络组织，它的合作伙伴、供应商之间的内联网通过互联网与思科的内联网相连接，组成了一个实时动态的网络系统（外部知识网）；数以亿计的客户通过网络接口连入互联网，思科的网站同时与互联网挂接。思科解决的主要是协同主体的选择问题，即"know-who"，思科公司与供货商、协议生产商、顾客、分销商等组建成知识链，这种协同式、交互式的知识共享、信息管理系统提高了效率，降低了交易费用，增加了识别和开发新的商业机会的概率，实现了各类异质知识间的最大化互补效应和知识能力之间的协同效应，思科的知识协同网络如图6-7所示。

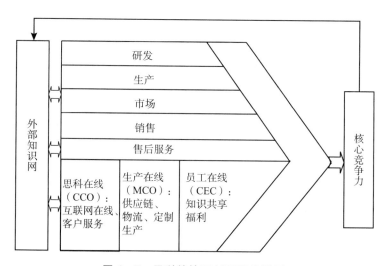

图6-7　思科的协同创新网络模型

思科采用的基于协同创新和网络创新的成功之处在于：①主动组建知识链，有意识保持自己的知识盟主地位。思科以整个硅谷作为自己的实验室，与领先顾客、业内企业（如微软和惠普等）建立广泛的开放式创新网，同时通过培育内部知识创造能力保持自身的核心技术优势，丰富自身的知识库，同步增强其他各项知识能力[1]。②主动提升自己的知识获取、利用能力。思科深知网络时代知识吸收能力的重要性，它通过并购、引进新技术、获取专利等方式来提升技术能力，并借助吸收能力来获取、消化和利用外部有用知识，迄今思科已经收购了110家公司，涉及金额500亿美元，思科公司被业界称为"善良的并购大鳄"。③主动构建协同共赢的企业文化。思科的公司使命是"为顾客、员工和商业伙伴创造前所未有的价值和机会，构建网络的未来世界"。思科公司把文化匹配性评估与公司资产的评估定价放在同等重要的位置，公司专设"文化警察"一职，用来调查、协调被收购公司和目标公司的文化匹配性。包容性的企业文化奠定了协同创新的文化基础，人性化的制度设计保护了员工的创新激情，宽松的氛围使得知识网络充满弹性，而所有这些正是高科技企业知识创造、技术创新的根本保证。

6.3.3　结论与讨论

首先，本研究构建了知识链知识创造的三种模式，并结合中国、日本和美国的三个案例对模型进行了阐释，但是我们无意比较这三种模式的优劣，应该说，每种模式都有适合自己的应用领域。元件创新与架构创新模式强调的是技术和功能的改进，它契合基于核心技术攻关的重大科技项目，如龙芯 CPU 的研发，不仅需要设计处在技术核心地位的指令系统，而且龙芯的服务器、个人终端、嵌入式三个系列也需要通过 MIPS（million instructions per second）指令集被整体架构兼容。概念创新与路径创新更看重的是商业运作的成功，因此可以在消费品市场大有作为。这种模式专注

---

[1] 张永成，郝冬冬.知识能力与开放式创新流程的一致性：朗讯与思科的案例研究［J］.图书情报工作，2006，55（18）：70－73.

于顾客的体验和价值提升，它成功的关键是将隐性知识显性化，如索尼公司的品牌概念创造能力，它在全球建立了 VAIO（索尼计算机品牌）和 AIBO（索尼娱乐机器狗品牌）的体验店，让众多的消费者直观感受到索尼品牌的知识愿景，通过在创造出的"场"中的互动体验，消费者将索尼品牌内化在自己的记忆里。协同创新与网络创新可能是未来网络时代知识创造的趋势，互联网和 IT 技术深刻改变了经济规则，知识联盟成为知识经济时代组织之间合作竞争的新形式，通过组建知识网络进行协同创新获得成功的例子也很多，我国的 TD - SCDMA 产业联盟就是一条典型的链式网络，核心企业由中兴、大唐和华为组成，供应商主要是华立和展讯，用户则是中国移动和中国网通。TD - SCDMA 知识链的成员由最初 7 家扩展到 48 家企业，覆盖了 TD - SCDMA 产业链从系统、芯片、终端到测试仪表的各个环节。知识网络内成员的协同创新推动着技术轨道的自主演进，先锋用户中国移动已经获得了相关牌照，截至 2012 年 1 月，其 TD - SCDMA 的 3G 用户增至 5 394 万。[①]

其次，在总结知识链知识创造模式的基础上，我们还需要反思对我国知识管理实践的指导作用。我国企业知识管理面临"原子化"境况，大型企业凭借政策优势和雄厚资金，快速进行着信息化建设，而中小企业深陷融资困难、家族管理、人才缺乏的泥潭，知识化和信息化改造举步维艰，整个行业没有形成波浪状的"梯队"，企业各自为战，一盘散沙。其后果就是大型企业竞争意识缺乏，知识创造动力不足，与此同时小型企业还在为生存挣扎，创新的扩散效应无从谈起，仅有的自主创新成果成了"橱窗里的展品"。我国的举国体制在重大科技项目攻关上有天然的优势，但是在整合跨企业知识、技术资源，组建知识联盟方面却不能靠行政命令的"拉郎配"，关键是制度创新。知识网络组织要注重契约机制的建立，为了维护运行的稳定，知识链组织的契约要体现"锁定"功能和"担保"

---

① 彭双，顾新，吴绍波. 技术创新链的结构、形式与运行 [J]. 科技进步与对策，2012，29 (9)：4 - 7.

功能。"锁定"功能是指契约规定成员各类资产（主要是知识产权）的投入需要具备专用性，一旦因为欺骗行为导致知识链解体，寻找新的合作伙伴将付出更多的交易费用，是专用性资产将成员"锁定"在知识链内部；"担保"功能是指知识链本身的良好信誉和影响力为知识链成员提供隐性担保（如社会网络、信誉、商标），成员的任何短视的机会主义行为都会被全体成员识别并拒绝继续合作。政府要在宏观战略上通过国家意志的引导和制度安排，促进企业、大学和科研机构优势充分发挥、整合互补性资源，协作开展产业技术创新和创新成果产业化活动，加快我国从科技大国向科技强国迈进。

最后，我们需要进一步探讨知识创造模式的分类。目前学术界对创新的分类主要有两种：基于动力源视角分类和职能源视角分类，前者将创新分为根本性创新（突破性创新）、渐进性创新（改进型创新），后者将创新分为自主创新、合作创新、集成创新、转移创新、模仿创新①。本书基于知识观对创新进行了新的划分，并深入企业内部研究创新源，选择有代表性的案例分析知识创造的基点和实现路径，为打开知识这个黑箱做了新的尝试。当然，面对数量众多的创新企业和创新活动，仅仅总结出三种模式无法完全做到互斥性和穷尽性，而且即使在同一种模式下，具体的创新方式也千差万别，如技术导向的知识创造模式下有生产流程再造创新模式（比亚迪），还有基于技术孵化产业转化模式（海信），因此管理者应该运用权变的思想，针对企业和所属行业的特点，灵活应用知识创造模式和方式，更快地实现企业创新成长的目标。

6.4

本章小结

在梳理关于知识创造的国内外文献基础上，本章构造了知识链知识创

---

① 刘立. 创新型企业及其成长［M］. 北京：科学出版社，2010.

造系统动力机制的 ERP – GDE 模型，刻画出了知识链知识创造动力机制运行周期，提出了增强知识创造动力的政策。本章将知识链知识创造模式划分为元件创新与架构创新、概念创新与路径创新、协同创新与网络创新，构建了知识创造模式三维结构图，并结合三个案例分析了知识链知识创造的具体应用，讨论了每个模式的应用领域及对我国知识管理实践的指导意义。

第7章

知识链知识优势评价研究[①]

　　知识链是指以企业为创新的核心主体，以实现知识共享和知识创造为目的，通过知识在参与创新活动的不同组织之间流动形成的链式结构[②]。知识链是知识经济时代组织之间合作竞争的新形式，未来的竞争将不再是企业与企业之间的竞争，而是知识链与知识链之间的竞争。知识链在竞争中取胜的关键在于形成知识优势[③]。知识链知识优势的量化和评价是知识链研究中的核心问题，只有通过比较知识优势，找出不同知识链之间的差距，才能确定知识链目前的知识管理水平，在此基础上形成优化知识链的管理策略。

　　学者对知识优势的研究涉及多种知识主体，主要有：罗德里格兹·蒙特斯和何塞·安东尼奥（Rodriguez Montes & Jose Antonio, 2001）通过对医院各个部门的知识存量的测度，认为组织的知识优势来源于其知识存量，并利用知识存量的测量结果，区分了医院和其他商业机构知识优势的不同来源[④]。乔希·K. D. 和布鲁克斯·J.（2004）讨论实体经济的知识流动（如知识传递和知识共享）的本质和作用，阐释了技术层面、管理

　　① 张省，顾新. 知识链知识优势的形成与评价 [J]. 情报资料工作，2012（3）：24－28.

　　② 顾新，李久平，王维成. 基于生命周期的知识链管理研究 [J]. 科学学与科学技术管理，2007，28（3）：98－103.

　　③ ［美］鲁迪·拉各斯，霍尔特休斯. 知识优势——新经济时代市场制胜之道 [M]. 北京：机械工业出版社，2002.

　　④ Rodriguez Montes, Jose Antonio. Knowledge identification and management in a surgery department [J]. Journal of International Management, 2001（7）：1－29.

层面、行为层面、组织层面及经济层面的知识流动与知识优势的关系①。杨和王（2004）研究了跨国企业中内部知识的知识管理机制，认为跨国企业的知识存量较大，而且跨文化的包容性有利于提高知识复制能力，解释了跨国公司的创新产出较高，知识优势能够得以长期维持的原因②。吴剑峰和尚利（2009）考察了美国电子医疗行业知识存量、知识扩展和知识优势的关系，并认为知识存量包括知识的深度和知识的广度，这二者决定了知识创新的力度。他们利用1990～2000年美国电子医疗行业的实证数据支持了他们的观点③。高丽和冯南平（2010）认为，网络环境下组织间知识交流有利于组织的持续发展以及知识优势的形成，据此他们提出物理空间和网络空间的整合机制和信息连接机制促使网络环境下企业的跨组织知识流动的实现④。李其玮（2010）⑤以成都高新区89家科技企业为样本，运用因子分析法和 K – CF 模型对科技产业创新生态系统知识优势评价体系的合理性和适用性进行检验，采用该评价指标体系和 K – CF 模型能较为科学地得到产业创新生态系统知识优势水平及各企业知识优势在系统中所处位置，发现导致系统知识优势不佳的相关因素，帮助领导者和决策者改善知识优势状况，具有较强的理论意义和实践推广价值。

根据以上对知识链知识优势评价的研究思路，可以将知识链知识优势

① Joshi K. D. ; Brooks, J. Knowledge flows: knowledge transfer, sharing and exchange in organizations, Proceedings of the 37th Annual Hawaii International Conference on System Sciences, 2004: 8024.

② Yang Z. , Wang Q X. Research on knowledge management mechanism of internal knowledge in multinational corporations [J]. Management Sciences and Global Strategies in the 21st Century, 2004 (5): 1825 – 1833.

③ Wu Shanley. Knowledge stock, exploration, and innovation: Research on the United States electrometrical device industry [J]. Journal of Business Research, 2009 (4): 474 – 483.

④ Li Gao; Nanping Feng. Realization mechanisms based on space for inter-organizational knowledge flow under networked circumstances, Proceedings of 3rd International Conference on Information Management, Innovation Management and Industrial Engineering (ICⅢ 2010) 2010: 506 – 510.

⑤ 李其玮, 顾新, 赵长轶. 产业创新生态系统知识优势评价体系——以成都市高新区89家科技企业为样本的实证分析 [J]. 中国科技论坛, 2018 (1): 37 – 46.

分为知识静态优势和知识动态优势①，知识静态优势反映的是知识链知识
优势形成后的知识水平，知识动态优势是知识链知识优势形成的过程性优
势。从知识的质量、数量和结构出发，将知识静态优势分为知识深度、知
识宽度和知识强度三个维度；从知识链知识优势形成过程角度考虑，将知
识动态优势分为知识流速、知识净流量和知识系统。确定知识链知识优势
的维度后，需要在这六个维度下面建立评价指标体系，该指标体系是一个
具有多层次、多指标并且各自相对重要性不同的复合体系，可以采用综合
评价的方法。由于其中许多指标难以直接用准确的定性语言进行评估，可
以考虑将模糊技术同综合评判理论相结合，利用模糊隶属度理论对原本仅
具有模糊和定性化特征的因素，经过某种数学处理，使其具有某种量化的
表达形式，即在定性与定量之间通过模糊数学的理论架起了一座桥②。模
糊综合评价不能直接通过总分法或者加权平均法得到一个总分而进行排序
择优来完成，而必须经过建立评价对象的因素集，然后建立合理的评语集
合，用专家评定或其他方法生成评价矩阵，最后通过合适的模糊算子进行
综合评价。

7. 1

模糊综合评价法的主要步骤

　　知识链知识优势评价的目的有两个：一是探寻知识链知识优势的形成
来源。二是通过比较知识优势，找出不同知识链之间的差距，确定知识链
日前的知识管理水平。模糊综合评价主要包括以下基本步骤：③④

---

① 李久平，顾新，王维成. 知识链管理与知识优势的形成 [J]. 情报杂志，2008 (3)：50 – 53.

② 张梅. 公共图书馆社会价值评估模型构建 [J]. 情报科学，2011 (2)：261 –265.

③ 谢季坚，刘承平. 模糊数学方法及其应用 [M]. 武汉：华中科技大学出版社，2005.

④ Renguang Zuo, Qiuming Cheng, Frederick P. Agterberg [J]. Application of a hybrid method combining multilevel fuzzy comprehensive evaluation with asymmetric fuzzy relation analysis to mapping prospectively. Ore Geology Reviews, 2009 (35)：101 – 108.

7.1.1　确定因素集

将因素集 $U = \{u_1, u_2, \cdots, u_n\}$ 按照某种属性分为 S 类，即

$$U_i = \{u_{i1}, u_{i2}, \cdots, u_{in_i}\}, \quad i = 1, 2, \cdots, s \tag{7.1}$$

它们满足条件：

(1) $n_1 + n_2 + \cdots + n_s = n$; $\tag{7.2}$

(2) $U_1 \cup U_2 \cup \cdots \cup U_S = U$; $\tag{7.3}$

(3) $(\forall i, j)(i \neq j \Rightarrow U_i \cap U_j = \otimes)$ $\tag{7.4}$

7.1.2　建立评价集

评价集为 $V = \{v_1, v_2, \cdots, v_p\}$ ，总评价结果共有 p 个，其中 v_k 为 k 个可能的总评价结果，$(k = 1, 2, \cdots, p)$。

7.1.3　确定因素集

在模糊综合评价中，权重是至关重要的，它反映了各个因素在综合决策过程中所占有的地位或所起的作用，它直接影响到评价的结果。目前通常是采用专家法给出权重，由于知识链知识优势评价指标多为定性指标，专家估测的主观性容易使评价结果失真。本书引入频数统计方法，以减少由于凭经验所确定的权重而带来的误差①。

设因素集 $U = \{u_1, u_2, \cdots, u_n\}$ ，请有关专家或熟悉此项工作的具有丰富经验的人 $(k \geqslant 30)$ ，对因素集中的各个元素，各自独立地提出自己认为最合适的权重，然后根据专家的权重分配，进行单因素的权重统计，

---

① 朱永跃，马志强，陈永清 . 企业绿色技术创新环境的多级模糊综合评价 [J] . 科技进步与对策，2010（9）：102 - 105.

其步骤如下：

（1）对因素 $u_i(i=1,2,\cdots,n)$ 在它的权重 $a_{ij}(j=1,2,\cdots,k)$ 中找出最大值 M_i 和最小值 m_i；

（2）适当选取正整数 p，利用公式 $\dfrac{M_i-m_i}{p}$ 计算出把权重分成 p 组的组距，并将权重从小到大分成 p 组；

（3）计算落在每组内权重的频数与频率；

（4）根据频数与频率分布情况，一般取最大频率所在分组的组中值为因素 u_i 的权重 $a_i(i=1,2,\cdots,n)$，从而得到权重向量 $A=(a_1,a_2,\cdots,a_n)$。

7.1.4　一级模糊综合评价

确定单因素的评价矩阵 $R_i=(r_{ijk})_{n\times p}$，于是一级模糊综合评价集为 $B_i=A_i\times R_i=(b_{i1},b_{i2},\cdots,b_{ip})$。其中 b_{ik} 表示按照第 i 个因素的所有等级进行综合评价时，评价对象对评价集中第 k 个元素的隶属度。

7.1.5　多级模糊综合评价

对于权重 $A=(a_1,a_2,\cdots,a_n)$，取 $\max-\min$ 合成运算，可得二级综合评价矩阵 $B_t=A\circ R=(b_1,b_2,\cdots,b_p)$，其中 b_k 表示按照所有因素进行综合评价时，评价对象对评价集中第 k 个元素的隶属度。

若有的子因子集 U_i 仍含有较多的因素，可将 U_i 再划分，于是有三级评价模型。评价时，从最后一次划分的最底层因素开始，一级一级往上评，直至最高层。

7.2

知识链知识优势综合评价层次结构模型

正确测度知识链知识优势的前提是合理地设定评价指标体系。本书借鉴顾新[①]的划分，在准则层面将知识链知识优势分为知识静态优势和知识动态优势。知识静态优势主要体现为知识链拥有知识的异质性，从知识的质量、数量和结构出发，可以将知识静态优势分为知识深度、知识宽度和知识强度三个维度；考虑到知识流量的矢量特性和非对称特性，可以将知识动态优势分为知识流速、知识净流量和知识流动支持系统三个维度。

在每个维度之下具体指标设定的基本原则是：①指标的选定主要从人、物和组织这三种知识的主要载体角度出发。②指标应该具有可操作化，尽量选择可以测量的指标，定性指标选取应以方便专家评价为准。③选定的指标尽量能够全面反映知识链知识优势，各指标之间不能具有隶属性。

基于知识链知识优势的内涵，遵循评价指标选取的原则，构建知识链知识优势综合评价指标体系如图 7-1 所示：

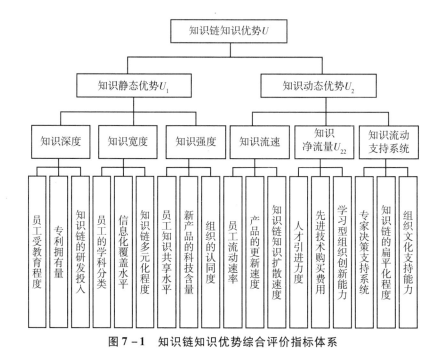

图 7-1 知识链知识优势综合评价指标体系

---

① 顾新. 知识链管理——基于生命周期的组织之间知识链管理框架模型研究［M］. 成都：四川大学出版社，2008.

7.3

知识链知识优势模糊综合评价算例

7.3.1　评价指标权重的确定

假设对某两条知识链 Z_1 和 Z_2 的知识优势进行测度，比较知识链知识优势的相对强弱，以期为知识链知识管理提供对策，其中关键步骤是确定各层次的因素权重集。

各层次的因素权重集的确定采用德尔菲法（Delphi）和层次分析法（AHP）相结合的方法。通过对专家的咨询，从上而下对每层次各因素进行两两比较，构造出判断矩阵，运用 EXCEL 软件计算各判断矩阵的最大特征值及其对应的特征向量，最后得到合成权重向量为：$A = (0.55,$ $0.45)$，$A_1 = (0.40, 0.35, 0.25)$，$A_2 = (0.30, 0.45, 0.25)$，$A_{11} = (0.24, 0.35, 0.41)$，$A_{12} = (0.27, 0.38, 0.45)$，$A_{13} = (0.42, 0.26,$ $0.32)$，$A_{21} = (0.33, 0.46, 0.21)$，$A_{22} = (0.24, 0.43, 0.33)$，$A_{23} = (0.27, 0.38, 0.35)$。

7.3.2　建立模糊综合评价指标信息表

由于评价的对象是知识链知识优势，可以进行梯度评价，因此可以将评价集设为：$V = \{v_1, v_2, v_3, v_4, v_5\} = \{$很高，较高，适中，较低，很低$\}$，根据评价小组对 Z_1 和 Z_2 每个因素的评价，得到综合评价指标信息表如表 7-1 所示：

表 7 - 1 综合评价指标信息表

评价指标	v_1	v_2	v_3	v_4	v_5
员工受教育程度 U_{111}	0.1, 0.2	0.2, 0.3	0.4, 0.3	0.2, 0.1	0.1, 0.1
专利拥有量 U_{112}	0.3, 0.1	0.3, 0.3	0.2, 0.4	0.1, 0.2	0.1, 0.0
知识链的研发投入 U_{113}	0.0, 0.1	0.4, 0.2	0.3, 0.5	0.2, 0.2	0.1, 0.0
员工的学科分类 U_{121}	0.2, 0.1	0.4, 0.3	0.2, 0.1	0.1, 0.4	0.1, 0.2
信息化覆盖水平 U_{122}	0.0, 0.1	0.4, 0.2	0.3, 0.3	0.2, 0.3	0.1, 0.1
知识链多元化程度 U_{123}	0.2, 0.1	0.2, 0.4	0.3, 0.3	0.3, 0.0	0.0, 0.2
员工知识共享水平 U_{131}	0.2, 0.1	0.3, 0.3	0.4, 0.4	0.1, 0.2	0.0, 0.1
新产品的科技含量 U_{132}	0.2, 0.1	0.3, 0.2	0.3, 0.4	0.1, 0.2	0.1, 0.1
组织的认同度 U_{133}	0.1, 0.2	0.2, 0.2	0.4, 0.3	0.2, 0.1	0.1, 0.1
员工的流动速率 U_{211}	0.1, 0.0	0.3, 0.3	0.4, 0.5	0.2, 0.1	0.0, 0.1
产品的更新速度 U_{212}	0.0, 0.0	0.2, 0.2	0.5, 0.3	0.2, 0.4	0.1, 0.1
知识链知识扩散速度 U_{213}	0.1, 0.1	0.2, 0.2	0.5, 0.4	0.1, 0.1	0.1, 0.2
人才引进力度 U_{221}	0.1, 0.0	0.2, 0.3	0.4, 0.3	0.2, 0.3	0.1, 0.1
先进技术购买费用 U_{222}	0.0, 0.2	0.4, 0.3	0.4, 0.2	0.2, 0.2	0.0, 0.0
学习型组织创新能力 U_{223}	0.2, 0.1	0.3, 0.2	0.3, 0.4	0.1, 0.2	0.1, 0.1
专家决策支持系统 U_{231}	0.0, 0.1	0.2, 0.4	0.5, 0.3	0.2, 0.1	0.1, 0.1
知识链的扁平化程度 U_{232}	0.1, 0.0	0.2, 0.2	0.5, 0.4	0.1, 0.3	0.0, 0.1
组织文化支持能力 U_{233}	0.2, 0.1	0.2, 0.2	0.5, 0.4	0.1, 0.2	0.0, 0.1

7.3.3 一级模糊综合评价

对知识链 Z_1 知识优势评价采用模型 $M(\cdot, +)$ 进行合成运算，可得：

$$B_{11} = A_{11} \times R_{11} = (0.24, 0.35, 0.41) \cdot \begin{bmatrix} 0.1 & 0.2 & 0.4 & 0.2 & 0.1 \\ 0.3 & 0.3 & 0.2 & 0.1 & 0.1 \\ 0.1 & 0.4 & 0.3 & 0.2 & 0.1 \end{bmatrix}$$

$$= \{0.121, 0.234, 0.313, 0.226, 0.106\} \tag{7.5}$$

同理可得 $B_{12} = (0.159, 0.341, 0.328, 0.111, 0.051)$ (7.6)

$$B_{13} = (0.120, 0.325, 0.355, 0.125, 0.075) \tag{7.7}$$
$$B_{21} = (0.077, 0.175, 0.269, 0.329, 0.150) \tag{7.8}$$
$$B_{22} = (0.162, 0.366, 0.321, 0.131, 0.020) \tag{7.9}$$
$$B_{23} = (0.148, 0.355, 0.317, 0.122, 0.058) \tag{7.10}$$

7.3.4   二级模糊综合评价

一级综合评判是对同类中的各个指标进行综合评判，为了评价同类因素的影响，需要在指标隶属的类之间进行二级综合评价，显然，二级模糊综合评判的单因素评判矩阵应为一级模糊综合评判。同样采用模型 $M(\cdot, +)$ 进行合成运算，可得：

$$B_1 = A_1 \times R_1 = (0.40, 0.35, 0.25) \cdot \begin{bmatrix} 0.121 & 0.234 & 0.313 & 0.226 & 0.106 \\ 0.159 & 0.341 & 0.328 & 0.111 & 0.051 \\ 0.120 & 0.325 & 0.355 & 0.125 & 0.075 \end{bmatrix}$$

$$= (0.123, 0.364, 0.250, 0.143, 0.120) \tag{7.11}$$

同理可得：$B_2 = (0.125, 0.378, 0.305, 0.122, 0.070)$ (7.12)

7.3.5   三级模糊综合评价

继续采用模型 $M(\cdot, +)$ 进行合成运算，可得：

$$B = A \times R = (0.55, 0.45) \cdot \begin{bmatrix} 0.123 & 0.345 & 0.250 & 0.143 & 0.120 \\ 0.125 & 0.378 & 0.305 & 0.122 & 0.070 \end{bmatrix}$$

$$= (0.113, 0.330, 0.247, 0.283, 0.027) \tag{7.13}$$

B 即为知识链 Z_1 知识优势模糊综合评价结果，为方便与知识链 Z_2 知识优势进行比较，可将评价集中 V 中的元素量化。将 ｛很高，较高，适中，较低，很低｝分别赋值为 ｛10，5，0，-5，-10｝，可得：

$$Z_1 = (10,\ 5,\ 0,\ -5,\ -10) \times \begin{bmatrix} 0.113 \\ 0.330 \\ 0.247 \\ 0.283 \\ 0.027 \end{bmatrix} = 1.682 \qquad (7.14)$$

同理可以计算出 $Z_2 = 1.236$。

由这个算例可见，相对于知识链 Z_2，知识链 Z_1 更具有知识优势。

7.4

本章小结

知识链作为组织之间的合作形式，其知识优势评价不同于一般的组织绩效评价，必然具有自身的特点，在进行综合评价时需要把握以下几点：

（1）知识链知识优势评价指标的设定不仅要着眼于知识这个主要变量，更要考虑知识的载体，如员工、组织的知识绩效；不仅要评价单个成员的知识绩效，更要衡量该成员的绩效对其他成员和整个知识链的影响，所以，知识链成员之间的关系也是评价对象。

（2）知识链知识优势的形成是基于知识流动过程的绩效评价，是一个历时过程，应尽可能采用实时分析与评价的方法，不同知识链信息采集应该大致在一个时点上，这样才能避免因实时运营信息与事后分析的矛盾带来的偏差。

（3）知识链知识优势评价的最大难题是隐性知识难以量化的问题。隐性知识是高度个人化的知识，来源于长期经验的沉淀和积累，不能简单地用数据、公式或文本来表达，在评价过程中一般采取将隐性知识显性化的方法，即新知识转化为产品的转化率、新产品的更新率及知识的扩散率。

第 8 章

动态能力视角下知识链知识优势维持机理研究

本研究基于能力和过程角度界定知识链知识优势：知识链获取、共享知识资源，并进行知识创造从而产出高于产业平均的知识水平和知识价值。与竞争优势一样，知识优势也有其生命周期，在现实中由于需求的变化，技术的变革以及政策环境的剧变，再加上知识的漏斗效应与知识外溢，知识优势可能会很快变成知识劣势。但对知识链而言，知识刚性是知识链知识优势的最大威胁，知识刚性会使知识链的知识创造活动停滞，阻碍知识链随外部知识环境变化而动态更新知识。克服知识刚性对知识优势的副作用，维持已经形成的知识链知识优势，探索维持知识链知识优势的机理显得至关重要。

知识链知识优势的维持本质上是其动态能力的维持。提斯[①]等提出了动态能力的概念和理论框架，认为动态能力是组织维持优势的根源，组织通过特定的学习（知识）活动模式来不断获取并更新自身所拥有的知识，以适应外部知识环境快速变化的能力，反映了组织根据环境变化动态更新知识的能力。从动态能力提升的视角探讨知识链知识优势维持机理，是将动态能力的"资源观"和"能力观"合并聚焦到动态能力的"知识观"上，本研究拟从知识链动态能力提升角度论证知识链知识优势的维持机

---

① Teece D. J. , Pisano G. , Shuen A. Dynamic capabilities and strategic management [J]. Strategic Management Journal, 1997, 18 (7): 509-533.

理：①剖析组织学习、知识管理和动态能力三者之间关系及其对知识链知识优势的作用。②联盟能力对知识链知识优势的影响机理。③知识流程再造对知识链知识优势的维持作用。

8. 1

知识链知识优势丧失的原因

知识链知识优势是其核心知识能力的外化，它必然要通过某种产品或服务的形式在市场上体现出来，因此产品市场会对知识链知识优势产生巨大的影响。知识的漏斗效应与知识外溢使得知识链拥有的核心知识垄断地位丧失；竞争对手的模仿与超越会导致产品的竞争力下降；行业中新发明的出现会使知识优势在短时间内被严重削弱；消费者偏好的改变也可能对知识优势产生冲击。

从根本上将，知识链知识优势的丧失源于知识的固有特征——知识刚性。知识链刚性是指知识链经过知识获取—知识共享—知识创造路径形成知识优势以后，由于存在报酬递增规律和惯例遵循现象，知识链就会对这种路径产生依赖，并在以后的发展中得到不断的自我强化。面对外部知识环境日新月异的剧变，知识链的运行仍被锁定在某种无效率的状态之下，知识链的知识优势逐渐丧失，知识链面临解体的风险。

知识链知识刚性表现在知识存量刚性和知识流量刚性两个方面①。知识链在某一时点上的知识存量状态是其历史的产物，知识链知识活动一般并不会超出这个知识存量的边界。随着知识刚性逐渐形成，知识链知识存量的增长将沿着某一特定的知识轨道（knowledge trajectory）进行，但当知识存量的知识存量水平较高，知识链组织成员又存在"搭便车"（free rider）行为时，知识链知识创造活动陷入停滞，知识链知识存量增长缓慢乃至出现零增长。

---

① 黄健康. 产业集群知识系统刚性及其克服途径［J］. 现代经济探讨，2012（5）：18－22.

知识流量刚性是指知识链成员之间知识流动失去动力，知识流动缓慢甚至陷入停滞的状况。知识链成员之间知识流动的根本动力在于知识链内部各类企业之间知识的互补性和差异性，知识存量的刚性会导致成员间知识结构和知识分布趋同，知识链不再需要知识共享和知识创造，新知识没有被创造出来，原有的知识逐渐老化消散，同时，知识链与外部知识环境的交流也逐渐减少，整个知识流量的速率与幅度降低至零甚至出现负增长。

8.2　动态能力对知识刚性的克服作用

学者都承认动态能力是对不同资源进行管理和使用的过程，是否存在一种最为核心的和普遍存在的资源，可以作为出发点来提炼出适用于不同组织、不同行业的动态能力的构成要素呢？毫无疑问，在知识经济时代，知识成为最有价值的资产，经济增长正在从依靠物质人力的投入向依靠知识创造转变，美国著名管理学家德鲁克（Drucker）认为："知识成为当今唯一有意义的资源[①]。"知识链拥有了动态能力，作用于知识优势形成过程，可以克服知识刚性导致的知识优势路径依赖，使知识链更好地与外部知识环境互动。

（1）动态能力对知识链知识获取能力具有增强作用，能够克服知识获取和保持的局限性。动态能力一方面促使知识链不断与外界知识源进行知识交流，突破了原有知识的局限；另一方面能够提高知识链的知识评估和保持能力，使知识链能够从获得的新知识中更加准确地评估筛选出那些适应环境发展要求的、对组织未来发展至关重要的知识，并将它们吸收和保持到知识链知识存量中来，使知识积累数量增大，从而有效地克服了知识存量刚性。

（2）动态能力能够提升知识链的知识整合能力，克服知识传播和共享

---

① ［美］彼得·德鲁克. 知识管理 ［M］. 杨开峰译. 北京：中国人民大学出版社，1999.

的局限性。动态能力能够使知识链获取的新知识在成员企业之间快速的流动，信任关系的建立有助于这些知识逐渐被明晰化，从而成为知识链内的显性知识，在链内更加有效的传播。动态能力也能够提高企业的整合能力，使知识链有效地将这些新旧知识结合起来，共同整合到原有的知识体系中，最终实现知识的充分共享，促进知识存量的增加和知识流动的加快①。

（3）动态能力能够有效地促进知识链知识创造，提高知识流动效率。通过推动知识链的知识创新，产生大量新的、适应环境要求的突破性知识，新旧知识整合来改进组织常规能力和提高效率，使知识链的认识能力和学习能力不断提高。知识链组织成员能够更加清楚地认识到现有的学习机制和运作惯例不再适应知识环境的变化，同时知识链也能够从原有知识体系中辨别出那些不再适合知识环境变化的刚性知识，尤其是隐性知识，通过将这些知识明晰化，这样知识不断地流进和流出，知识流动的速率加快，效率加强②。

8.3

知识链知识优势维持机理——基于动态能力提升的视角

8.3.1 知识链知识优势维持的基础——知识管理

1. 知识管理与动态能力相互作用机理

在信息时代里，知识已成为最主要的财富来源，而知识工作者就是最有生命力的资产，组织和个人的最重要任务就是对知识进行管理。知识管

---

① 曹兴，谭滔，李玲. 企业知识状态的刚性特征及其克服的微观机制分析［J］. 软科学，2008（3）：124－127.

② 王建刚，吴洁，张青，尹洁. 基于竞争优势的知识流、知识创新与动态能力关系研究［J］. 情报杂志，2012（2）：114－118.

理将使组织和个人具有更强的竞争实力，并做出更好的决策。知识管理可以这样定义：在组织中建构一个人文与技术兼备的知识系统，让组织中的信息与知识，透过获得、创造、分享、整合、记录、存取、更新等过程，达到知识不断创新的最终目的，并回馈到知识系统内，个人与组织的知识得以永不间断的累积，从系统的角度进行思考这将成为组织的智慧资本，有助于企业做出正确的决策，以因应市场的变迁。

可见，知识管理关注的重点是知识的内部特征，包括知识属性、知识主体特征、知识管理的影响因素、适应性等。知识管理起源于知识基础观，认为组织是具有异质性的知识体，通过对知识的创造、存储及应用，组织可以获得某些方面的优势（知识优势或竞争优势），而知识动态能力则起源于资源基础观，该观点认为组织需要时刻拥有有形和无形的资源和能力，知识链需要这种在瞬息万变的市场环境中使用和更新的资源和能力。

有关动态能力理论和知识管理理论提供了一个整合两种理论的思路——组织学习，这可以解释组织中和组织间的知识演进及知识效率。佐罗和温特[1]认为，良好的组织学习有助于动态能力的构建如过程研发、能力重构、流程再造和资源整合，进而推动组织对新环境的适应。虽然存在诸多分歧，但目前两种理论流派的共识是，学习能力是动态能力的来源，而组织效率是动态能力的结果。在传统的知识管理领域，组织学习与知识管理被割裂在互不相关的研究领域，但是两者都强调知识在组织管理中的作用，而且学习本质就是知识的创造、储存、运用，从这个前提可以得出结论：知识管理就是组织的"管理式学习"。组织学习成为打通动态能力和知识管理的桥梁，用知识来支撑动态能力所需要的资源，再用组织学习来反作用知识管理，最后尝试将三者整合并联立其相互作用机理，可以阐明它们与持续组织绩效（知识优势）的关系。

---

① Zollo M., Winter S. G., Learning and the evolution of dynamic capabilities [J]. Organization Science, 2002, 13 (3): 339-351.

动态能力与知识管理在管理实践中相互影响，共同促进于组织的管理绩效，组织学习是两者互动的控制变量。知识管理是组织为应对内外环境的快速变化，管理企业知识的一种有效手段；而组织学习则是通过组织记忆、积累并运用知识而被赋予人格化的一种学习手段，两者均强调知识与人力资源的互动。两者在某些方面有较大差异，但在实施过程中却存在着密切的互动关系，进而作用于持续组织绩效；而组织学习又是这种作用机理有效运作的根本保障。所以要理解作用机理，首先要明确知识管理与组织学习的关系。知识管理是从系统的角度对组织间（知识链）成员的知识与联盟的知识进行管理，以实现两者可持续协同；而组织学习则是通过组织积累、个性记忆、隐性知识显性化而被赋予人格化的一种学习手段，两者均强调个体知识与群体知识的互动。因此可以认为，知识管理过程和组织学习过程和是相互伴生且相互促进的，二者有机地结合将促进组织知识存量优势的增长和知识流量优势的强化，也即增强和维持知识链知识优势地位。动态能力和知识管理的作用机理模型如图 8 - 1[①] 所示。

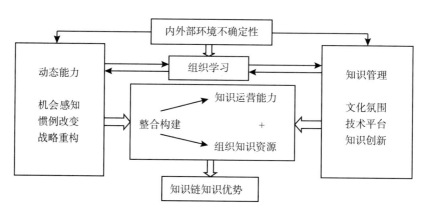

图 8 - 1　动态能力、组织学习、知识管理与知识链知识优势的关系

---

① 江积海，刘敏. 动态能力与知识管理比较研究及其作用机理［J］. 科技进步与对策，2012（1）：118 - 121.

知识链本身拥有常规能力、动态能力和学习能力，而且三者有层次高低之分，上层的能力决定着下层能力演化的路径和效率。图 8 - 1 中组织知识资源包括知识和运营是知识链零阶能力，动态能力是知识链的一阶能力，而学习能力决定了动态能力演化的程度和积累的量度，因此是知识链的二阶能力。当面对内外部环境的不确定性，动态能力发挥去作用，推动知识链知识资源、惯例与核心能力按照一定的路径和频率整合、重构、并释放能量，从而形成新的核心能力。知识管理作为知识链的一阶能力，在市场剧变的情况下，通过对知识文化、技术的管理也会促进知识资源和运营惯例的重构。知识链动态能力的演化则是在组织学习的正向驱动作用下进行平台—跃升交替的积累和突破的过程，同时知识链动态能力也对组织学习起着也反作用。动态能力对组织绩效的促进作用以及对外部环境的适应程度会对组织学习的关键内容、运行机制及学习效果进行反馈，并积淀为组织学习的宝贵经验，不断调整组织学习既有过程，提高组织学习能力。动态能力、知识管理和组织学习的良性互动循环，不断地提升知识链的知识创新水平和知识产品价值，从而使知识链在激烈动荡的环境变化生存，在同行业中保持其知识优势。

2. 通过知识管理提升知识链动态能力的措施

（1）坚持战略管理的知识导向。改革开放后尤其是加入 WTO 以来，我国企业在战略管理选择上过于强调增长的速度，注重短期投入的回报，特别是重视有形物质资源的回报。这虽然取得了经济长期高速增长，但也使得我国一直定位于"制造大国"而不是"创造大国"，国内多数产业知识附加值低，处于全球价值链的下游低端环节，在全球能源短缺、环境污染的约束下，我国企业转型升级迫在眉睫。因此，企业的战略思维需要进行相应的调整，应当把知识管理融入战略管理的全过程，要认识到企业动态能力的形成对于知识优势、竞争优势的重要作用，更要认识知识的获取、共享、创造对动态能力的提升作用。企业应从战略思想上、管理理念上内化知识管理的观念，坚持动态能力提升的长期导向，弱化短期经济利润指标，同时注重隐性知识的学习、积累与转化。企业还要处理好知识投资收益的长期性与短期风险的矛盾，构建知识产权的融资平台，通过组建知识链分散风险，坚持战略管理的知识导向，冲破短期经济利益的束缚，促进企业动态能力的提升。

（2）注重知识向能力的转化。知识是企业的静态资源，是企业产生绩效的必要条件，并不是所有的企业都具有把知识转化成能力的条件，现实的管理中也的确存着储备大量丰富知识但知识管理能力并不强的企业，因此企业还要重视知识向能力的转化。转化的关键是要建立知识向能力转化的动力机制，正向激励知识获取、共享、创造的整个过程中强调知识的转化，强调主流产品与知识的结合，在生产实践环节中体现知识的价值。经营管理过程中知识不能向能力转化成的主要原因是知识与生产经营之间的脱节，知识从积累到创造都应从如何解决生产经营中的实际问题出发，知识管理过程应该以问题为导向，这样不仅有助于发掘潜在的问题，而且积累的知识也有助于解决实际出现的问题。运用知识解决生产中现实问题的过程既是隐性知识显性化、知识创造的过程，同时也是动态能力提升的过程，能力的提升积累又有助于解决更高层面更复杂的问题，从而使企业的知识与能力的互动转化呈现良性循环状态。此外，虽然知识的载体有多样性，但隐性知识的主要载体还是人才，知识向能力转化的载体也是人才，因此人力资源仍是企业最重要的资本。各类组织都应加大对人力资源的投入，将人力资源转化为人力资本，通过人才之间的交流、沟通、学习促进知识在组织内和组织间传递与共享，促进知识创造，从而使组织获得保持知识优势、竞争优势的源泉。

（3）协调显性知识和隐性知识的平衡发展。按照知识流动方式的不同，可以将知识管理的对象划分为隐性知识与显性知识。显性知识可以以语言、文字、图形和符号等编码化的形式进行传递，其传播速度快、成本低，并可多次重复利用，大大提高了知识的使用效率；而隐性知识多是个人经验和能力的综合体现，往往很难用编码化和形式化的语言表述，其传播速度慢、时间长、成本高、效率低，但更具有创造性和高利润，相对于显性知识，隐性知识是相当稀缺的。面对两类知识的显著不同特点，组织要辩证地处理两者高效与低效、丰富与稀缺的关系。一方面，知识组织要提高管理显性知识的能力，对其进行分类、筛选、整理，要学会对显性知识进行"扬弃"，才不至于在汗牛充栋的显性知识上迷失方向、浪费时间。显性知识往往充斥知识管理者的头脑，管理者要培养运用这些知识的能力和智慧。另一方面，在加工、吸收大量有益显性知识的基础上，组织需要结合管理市实践进行再创新，创造新的知识，这类知识往往是难以编码和传递的隐性知识，但它是竞争优势的主要来源，具有很高的模仿门槛和学习成本。知识管理不仅是知识收集和整理的过程，更是知识创新和共享的过程，企业必须产生大量原创性的知识，已有的知识只能代表过去，光靠学习别人的知识也只能使自己处于模仿创新的地位。这里强调隐性知识对企业竞争力重要作用，并不是要否定显性知识的价值。相反，企业应重视显性知识的管理，它是企业创造新知识的基础，没有扎实的显性知识管理的基础工作，便很难产生隐性知识的创造。隐性知识的产生既有灵感的成分、偶然的因素，又是扎实基础工作的必然。企业的知识管理系统要将知识管理的基础工作与创造新知识结合起来，既不能因系统僵化约束隐性知识创造，又不能过分为追求隐性知识创造而忽视基础工作[①]。

8.3.2　知识链知识优势维持的源泉——联盟能力

1. 联盟能力对维持知识链知识优势的意义

知识联盟能力是知识链核心企业、实施和控制知识链，确保联盟成功的能力。知识链联盟能力只有广泛地根植于核心企业内并持续地升级才有价值。知识联盟能力对于知识链的成功至关重要，是知识链知识优势维持的源泉。

---

① 张雪平. 知识管理视角下企业动态能力的提升［J］. 企业经济，2012（10）：30－33.

（1）知识联盟能力能够有效整合存量知识资源。知识优势是知识链各成员核心能力的融合，而不是简单的加总或互补，体现在合作创新知识上。组织核心能力只是知识链知识优势的基础，如果知识链成员的核心能力都较强，但若不具备知识联盟能力，不能有效整合各成员的知识存量，则难以形成知识链整体的知识优势。

（2）知识联盟能力有助于共同创造新知识，增加知识流量。知识优势是一个相对的、动态的概念，由于知识流量会导致知识存量的变化，因而在某一时点具有知识存量优势，并不意味着在下一个时点仍具有知识存量优势。只有在这一时段内，具有知识流量优势，才能最终形成知识优势。因此，具备知识流量优势是形成知识优势的关键。

知识联盟能力分为基本层次、高级层次和制度层次三种。不同层次的联盟能力在联盟数量、重要性、地理范围和管理工具等方面存在差异。对于不同层次的联盟能力，需要采用和发展不同的战略和管理方法。每一层次都适用于特点的环境，并需要特定的管理技术。在基本层次，核心企业为了特定目的而建立联盟，联盟的数量和影响有限，不需要复杂的技术来管理联盟，很少进行联盟知识和经验的积累，也不重视学习机制的建立。因此，这种联盟能力较弱。在高级层次，联盟的数量和重要性增加，核心企业积累了一定的联盟经验。为了降低联盟风险，提高学习潜力，规范变得非常必要。这种联盟能力往往局限于组织的一个业务单元或分部门，没有形成良好的学习机制和传播机制。因此，这种联盟能力也难以成为持续的竞争能力。在制度层次，核心企业通过建立联盟知识的学习机制和正规的联盟程序，依靠通力合作，致力于联盟能力的培养，制度层次的联盟能力对于知识链的成功具有重要而深远的意义①。

2. 联盟能力对知识链知识优势影响机理

知识联盟是企业联盟的新形式，知识联盟能力是对知识链成员关系进行

---

① 顾新. 知识链管理——基于生命周期的组织之间知识链管理框架模型研究 ［M］. 成都：四川大学出版社，2008.

构建、发展和管理的能力，其目的在于获取外部知识网络的知识资源，来保持知识创新能力和竞争优势。一般而言，知识组织按照战略、过程和关系这三个层次来建立和发展知识链。在战略层，根据建立知识链的战略目的来制定知识联盟的发展计划；在过程层，知识链成员明确自身的角色和地位，通过契约承担相应的职责；在关系层，运用合作关系挖掘链式组织中的知识资源，加以整合和利用转化为自身知识优势。依据这三个层次，可以将知识联盟能力操作化为三个维度：构想能力、关系组合能力和角色管理能力。联盟能力对知识链知识优势影响机理的概念模型如图 8 - 2 所示。

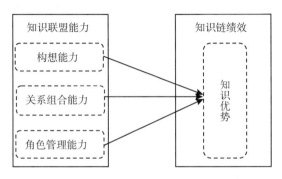

图 8 - 2　联盟能力影响知识链知识优势机理模型

（1）知识联盟构想能力对知识优势的影响。核心企业通过知识联盟建立知识合作关系，充分利用知识规模经济"1 + 1 > 2"推动自身的知识创造和技术创新。知识联盟构想能力是指知识链成员对外部合作关系的战略识别和知识发展规划的能力。知识企业参与知识联盟、建立链式网络首先要解决的是合作伙伴的选择问题，这实际是一个多目标决策问题，需要多潜在的合作伙伴进行评价，社会资本、拥有知识的互补性、组织文化差异、目标的一致性等都是影响合作的因素；知识联盟构想能力还表现在对当前知识状态的辨别和未来机会的判断，只有知识潜在利益做出正确的预估，才能为今后知识创新实践活动的提供指导方针和行动指南。因此，知识联盟构想能力越强，企业就越容易从整个知识联盟的构建、维持和运作的过程中，获取有效的知识信息资源，从而提高联盟的知识创新效益，维持知识链的知识优势。

（2）知识联盟关系组合能力对知识优势的影响。知识联盟关系组合能力是指企业管理、运用和开发与每个合作伙伴的关系的能力。分析关系组合能力可以基于关系能力组合、优化关系组合、组织学习三个维度。关系能力组合是指知识链通过契约进行联结，重组各个成员的能力，获得独特的联盟优势；优化关系组合是指通过财力、物力的投入对知识链成员关系进行优化，主要是确定合理的利益分配制度，实现理想的合作效果；组织学习是指联盟主动搭建成员间沟通、交流的平台，同时理顺知识外溢的外部效应。应该强调的是，知识链成员之间的关系既不能过于亲密，也不能过于疏远。关系强度过高会使整个联盟失去自治，陷入"内卷"黑洞和路径依赖，降低创新效率；关系强度过低则影响知识互动，尤其是隐性知识的传播，合作目的无法达成会使得知识链面临解体的风险。

（3）知识联盟角色管理能力对知识优势的影响。知识链的组建一般要完成明确角色、建立关系、协作运行、交换资源、分配利益等步骤，在共同承担知识创新任务中，合作的各个环节均需要联盟成员之间良好协调和充分沟通。知识联盟角色管理能力主要是指联盟成员在与知识伙伴合作的基础上，根据其在知识链中的角色定位，承担并完成相应的任务，以确保自身在联盟中的有效地位，达到利益最大化目标。在管理实践中，成员的角色和地位通常可以衡量其取得合作知识资源的难易程度、质量优劣和效率高低。越是居于中心地位（如核心企业），知识链成员越有利于从知识联盟中获取重要技术和知识。显然，企业与联盟中心的靠拢程度既依赖于其与组织的经营关系，也依托于发展过程中角色目标的管理和推进过程。知识联盟企业不仅要关注与联盟方的合作关系，还需对自身的角色地位予以正确审视和定位，以维系与联盟组织的关系，进行优势互补和信息共享，完成合作创新的任务[①]。由此可见，知识联盟角色

---

① 张公一，卢雅艳，徐爽. 知识联盟网络能力对企业创新绩效的影响研究［J］. 图书情报工作，2012（6）：101－119.

管理能力正向影响知识链知识优势，角色管理能力越强，越有利于知识优势的形成和维持。

8.3.3 知识链知识优势维持的关键——流程再造

1. 流程再造对维持知识链知识优势的意义

随着知识型经济的到来，对于知识型服务企业而言，知识的更新速度正在进一步加快。顾客对于企业的服务需求也在发生快速变化，多样化、个性化、专业化正逐步威胁着知识型服务企业的发展。与此同时，企业之间的竞争也是愈演愈烈，在原有竞争对手还没有退出竞争的同时，新的竞争对手又不断涌入。知识型服务企业所面临的压力越来越大。业务流程再造作为一种有效的管理方法，无疑成为知识型服务企业主动出击，应对来自各方面挑战的选择。流程再造追求的目标不是效益的逐渐提高和小幅增长，而是效益的巨大飞跃。它通过对知识流程的彻底的变革，使企业管理发生根本性变化，以获得效益的戏剧性飞跃。知识型服务业的流程再造更是如此，点点滴滴的改进只需要企业做出微弱的经营调整，而显著的改进则需要破旧立新——流程再造。

流程再造，是指一种从根本上考虑和彻底地设计企业的流程，使其在成本、质量、服务和速度等关键指标上取得显著的提高的工作设计模式。企业的管理应该是流程驱动的管理，一贯实施流程管理，而且管理得比较得当的企业，能够在日常的管理过程中，适时对流程进行修正、调适，这种企业的流程往往适应性比较强，流程的设置和运行也要科学得多。但这并不意味着，它们就不需要对流程进行再造，如果客户的需求和市场发生了巨大的变化，企业的生意模式要实现根本性的变革，流程就必须要再造。例如，戴尔公司推行的直销模式，如果在 IBM 公司的传统流程上套用，恐怕就难以产生预期效果，但是 IBM 公司的传统流程对于自身奉行的生意模式却是有效的。另外，流程再造的目的也是要通过对企业和产业流程的梳理、精简，来实施流程化管理，也只有在流程经过优化的企业里，实现流程导向，推行流程管理才可能成为现实。

知识流程是为完成组织某一目标（或任务）一系列知识活动按照一定逻辑顺序构成的流程反映了完成一件工作的过程中所涉及知识的流动情况及其状态的变化。知识流程再造是一个比一般业务流程再造复杂得多的类似于管理流程再造的十分抽象的概念和过程，它是对一系列知识活动按照一定逻辑顺序所构成的流程进行再造，以合理配置其中的知识资源并规划知识的流动，从而促进组织内和组织间的知识学习及知识共享提高组织的知识应用及知识创新能力①。对知识链的知识流程进行再造，可以实现知识存量和知识流量的增长，促进知识的增值，对于组织知识优势和竞争优势的获取与保持具有重要的意义。

2. 知识流程再造与知识优势的关系机理

从动态能力的角度分析，知识链不仅是管理者才能、员工人力资本、技术知识等资源存量的集合体，更是组织知识的获得、传递、共享、创造、应用的不断循环的动态过程。D. S. 布吕尼和 G. 维罗纳（Bruni, D. S. & Verona, G.）② 等用市场知识创新和使用来描述组织的动态生产、营销能力，并阐明了这些知识活动如何提升并支撑新产品开发及在开发知识流程中的变化，他们提出了知识流程循环实现跨期整合以转换为新的动态能力，并用实证数据证明了流程再造流程支持动态能力的开发和利用。本研究从知识流程中知识流管理出发，将知识存量、知识流量、知识流向和知识属性四个变量与动态能力的位势、流程联系起来，研究知识流程再造与知识优势的关系机理，其理论模型如图 8 - 3 所示。

---

① 樊治平，王建宇，陈媛. 一种基于知识缺口分析的知识流程再造方法 ［J］. 科研管理，2005（9）：96 - 101.

② Bruni, D. S., Verona, G. Dynamic marketing capabilities in science-based firms: an exploratory investigation ［J］. British Journal of Management, 2009, 20 (1): 101 - 117.

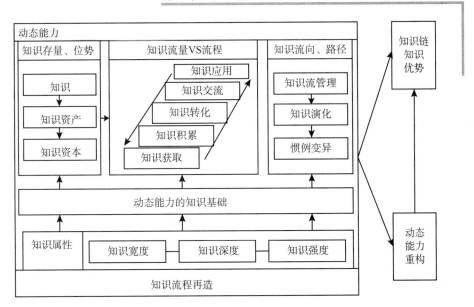

图 8 – 3 知识流程再造、动态能力与知识链知识优势的关系模型

知识流程再造包括知识存量、知识流量和知识流向，三者分别与动态能力的位势、流程与路径相对应，而知识属性（知识宽度、知识深度、知识强度）则是知识流程再造的出发点，决定动态能力的层次，是动态能力形成的基础。知识属性通过影响资源与能力重构的实现，建立并维持知识链的知识优势。知识链所拥有的知识向知识资产、知识资本的转化过程可以刻画知识存量与动态能力位势的互动。基于知识流程的知识获取、积累、转化、交流、应用等知识活动极大影响了知识流量，知识流动能力的强化本质就是动态能力产生的过程，动态能力反过来在知识流管理过程中影响知识流量。知识流动的方向决定着知识演化的路径，路径的变化导致惯例的变异，同时生成新的动态能力。

（1）知识存量与动态能力位势。知识存量是指组织所拥有并且可以被重复使用的知识资源。知识资源基础观把各类组织看作是知识的集合，著名的 VIRO 模型也认为有价值的、稀缺的、难以模仿和难以替代的知识资源是组织竞争优势的来源。如何从静态的知识存量转化为可以为组织创造价值的知识资产，再从知识资产积淀下来变为组织的知识资本，是知识管理的核心。知识资本包括员工知识资本、顾客知识资本和组织结构资本，是动态能力产生的基础，是实现动态能力的知识载体，知识资本质量的高低决定着动态能力的位势。

（2）知识流量与动态能力流程。不同知识链在知识流动过程中知识共享和知识创造的流量上存在差异，即知识链中知识流量存在异质性，知识流量优势由构成知识链的各成员之间知识共享和知识创造的流量所决定。知识流量与知识流程紧密相连，系统化的知识流程可以促进知识流动，加快知识更新速度，增加知识流量，进而影响组织动态能力的资源位势。在知识管理实践中，动态能力就是可以操作化的明确流程，把知识按照其属性特点传递到组织需要的人员和领域。知识的运动内隐于并依附于组织的业务流程，各个知识活动（知识获取、知识共享、知识创造）之间是存在内在逻辑联系的，共同组成一个知识流动顺畅的流程，使知识资源在合适的时间经由合适的知识活动和知识媒介地提供给最需要的人，提高知识的流动性和知识传递的有效性，缩短知识价值实现的周期，促进知识的利用效率，为组织创造新的知识优势和竞争优势。

（3）知识流向与动态能力的演化路径。知识流程再造的重要内容是知识流动方向的控制，知识流向在某种意义上决定组织开发并增强何种类型的动态能力。组织是构建外部知识网络，加强与外部科研机构的知识合作，还是立足本组织增强自身研发能力和创新能力，两种不同的知识决策决定动态能力培育的不同方式。动态能力的演化要遵循一定的路径和方向，往往要受到组织的知识存量、流量和知识宽度、深度等知识属性及过去的知识流向的限制。要打破动态能力路径依赖，必须在知识流管理与学习机制共同促使下才能实现知识演化，使组织不再墨守成规，不断更新老旧知识，促进原有惯例发生变异，使组织形成包含新文化氛围的思维模式、管理方式和新知识的创造路径，形成新的组织惯例，惯例变异的本质是惯例的知识结构特性的变化，是动态能力演化的触发器，通过将动态能力演进镶嵌在组织的资源、能力和经营惯例的变异、选择、保留过程，使得知识流程再造中知识的流向与动态能力演化路径保持基本一致，才能使组织知识战略与知识活动不背离，才能长期保持知识优势而不丧失。

（4）知识属性与动态能力。知识可以从知识深度、知识宽度和知识广度三个属性来解构。动态能力与知识深度息息相关，组织在相关领域所掌握知识深度的不同会导致动态能力的差别，知识深度的不够会阻碍组织动态能力的形成与提升。因此，组织必须挖掘知识深层次实质内容和表现形式，夯实组织能力的知识基础，从而带来动态能力结构和形态的演变，促进知识能力的提升以及新的动态能力的形成。知识宽度同样会影响组织动态能力的形成。一般而言，知识组织能够掌握跨领域、跨专业的知识，可以帮助其整合来自外部不同类型的知识，建立新的知识组合。组织拥有多个领域的知识，不会因为缺乏适应不同但相关领域知识发展的能力而产生核心刚性，降低了组织产生能力刚性的可能性，为组织在适应环境变化上提供了更多的灵活性和适应性。环境的动态性要求组织必须具备以广泛而丰富的知识资源为基础的随机应变的适应能力和感知各个行业和领域的风险、机遇等的能力以及及时捕获机会的能力，以使企业有条不紊地运行。宽度也决定知识可流动的范围，有助于拓宽组织能力的作用域，影响组织能力作用的范围和知识价值的实现[①]。知识强度对动态能力的影响主要表现在两个方面：一是知识势差；二是知识的关联度。知识势差是知识在不同领域、不同区域流动的动力，具有知识位势优势的组织，核心知识多分布集中在该组织，因此拥有变革、重新组合知识的能力，容易形成新的动态能力。知识关联度越高的组织，越容易形成知识创新集群，可以利用"滚雪球"效应，从而获得知识的增值和知识优势。

---

① 王建刚，吴洁，张青，尹洁. 知识流管理与动态能力的关系机理研究［J］. 图书与情报，2011（6）：33－37.

8.4

本章小结

　　本章基于动态能力培育和发展的角度研究了知识链知识优势维持的机理，在分析知识刚性对知识链知识优势负面影响的基础上，研究了动态能力对知识刚性的克服作用，剖析了知识管理、组织学习和动态能力三者之间的关系，探讨了联盟能力对知识链知识优势形成的意义及影响机理，最后分析了知识流程再造、动态能力、知识链知识优势的关系。

第*9*章

知识链知识优势与竞争
优势的转化研究

知识链经过知识获取、知识共享和知识创造三个过程后形成了知识优势，具体表现为研发的产品蕴含高的知识价值和知识水平，不同知识链的知识优势可以进行比较。在知识经济和全球化的背景下，各知识组织通过契约结成知识链的目标不仅仅是为了形成知识优势，更是为了在国内、国际市场上获得持续的竞争优势，知识链管理战略的落脚点是通过稳定的、丰厚的超额利润来回报知识创新活动，因此，知识链的知识优势需要转化为竞争优势，以保持知识创新活动的持续性和知识链运行的稳定性。

9.1
知识链知识优势与竞争优势的关系

知识链知识优势是指知识链获取、共享知识资源，并进行知识创造而产出高于产业平均的知识水平和知识价值。竞争优势是指知识链在有效的市场向消费者提供具有价值的产品的过程中持续获得超越其他竞争对手的能力，主要表现为知识链获得超额利润的能力。知识优势是知识链的内部特性，可以在短时间内通过较高的知识水平和知识价值体现出来，而竞争优势需要在外部产品市场上实现，且持续竞争优势的保持是一个长期过程。知识优势只是竞争优势的必要条件，知识优势只有转化为知识链的竞争优势，才能实现延长知识链的生命周期，为社会贡献更多的知识产品。

只有打通知识链内部知识产品生产和外部市场占领实现的通道，知识优势才能向竞争优势顺利转化。竞争优势比较成熟的理论是波特的竞争优势理论，包括国家竞争优势的"钻石模型"和分析行业竞争态势的"五力模型"，除了对波特理论的借鉴外，本研究还借鉴哈佛学派对竞争优势"结构—行为—绩效"的分析范式（structure-conduct-performance）和美国信息技术战略家鲍尔（Boar）关于竞争优势类型的划分[①]，将知识链竞争优势聚焦在产品、组织和商业模式上，从知识产权战略、组织结构柔性和商业模式导向三个维度探讨知识优势向竞争优势转化的途径。

知识产权战略是基于知识链知识产品本身，如果知识链能够对产品的知识产权进行保护，那么就可以保证稳定的利润来源，同时也防止因知识外溢而导致的竞争优势丧失；组织结构柔性基于知识链组织结构角度，结构柔性可以使得知识链动态应对外部知识环境的变化，内外部知识流动顺畅，从组织层面降低运作惯性，从而获得竞争优势；商业模式针对的是市场，知识链如果能够占领市场，为顾客创造价值，在市场交易中可以让消费者获得规模经济和范围经济带来的消费者剩余，那么就能够赢得顾客的"货币投票"从而获得竞争优势。知识链竞争优势（product-organization-business model）模型图如图 9 – 1 所示。

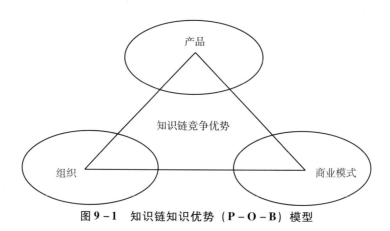

图 9 – 1　知识链知识优势（P – O – B）模型

---

①　苏东水 . 产业经济学［M］. 南昌：江西人民出版社，2012.

9.2

知识链知识优势向竞争优势转化途径之一：知识产权战略

9.2.1 知识产权战略对知识链竞争优势的促进作用

知识链知识优势是依靠所创造的具有核心价值的知识产品来实现的，如果要想在商品市场上赢得竞争优势，知识链必须运用知识产权战略对产品蕴含的核心知识进行管理。知识产权战略对知识链竞争优势的促进作用如下：

（1）知识产权直接体现知识链的所有权优势。知识产权是知识链对外直接投资的动力和源泉，是其发展国际化经营的基础。知识链专利权的创立和发展，有利于其核心知识产品差异化优势，而差异化就是竞争优势的来源之一。从经济学角度看，拥有专利权意味着对该项技术的市场需求垄断，可以使自己研发的产品占领更广阔的市场，形成对同行业的垄断竞争优势，从而实现利润的最大化。此外，专利权能够激发浓厚的组织归属感和自豪感，对于组织文化建设、制度完善等都有着极其重要的作用，文化和制度往往又是促进竞争力的软动力。

（2）知识产权战略的应用是知识链获得竞争优势的重要手段。管理者可以充分利用知识产权来扩张市场，获取超额利润，从而赢得竞争优势。知识链获得知识优势意味着掌握了大量知识产权，通过知识产权许可可以使组织获得巨大收益，其许可费收入有时候可以甚至超过产品销售的收入，尤其是当知识产权渗透到产品技术标准中，知识产权对知识链获得竞争优势的促进作用更加明显。以高通公司的移动通信专利为例，其将开发的 CDMA 移动通信技术申请了专利，并把 CDMA 技术提交到美国标准组织 TIA 和世界标准组织 ITU，申请确立 CDMA 技术为世界移动通信标准。虽然高通公司并不开发和生产具有 CDMA 技术的产品，但是当世界各大通信运营商需要使用CDMA系统时，才发现CDMA技术的专利已全部控制在高通公司手上了，购买使用CDMA芯片需要向高通公司缴纳高额专利费和使用费。高通公司正是利用知识产权许可这一战略，由一个默默无闻的小公司一跃成为坐拥行业技术标准、日进斗金的跨国公司。

9.2.2　知识链知识产权战略体系的实施策略

知识链知识产权战略可视为一个完整的体系，其四个要素分别是：知识产权开发、知识产权保护、知识产权运营与知识产权绩效。其中，知识产权开发是指知识链知识产权的申报、研发与生成，知识产权保护是指对知识产权所有人回馈受益的保护，知识产权运营是指知识产权的市场化过程，而知识产权绩效是指知识产权所产生的经济效益。四者的关系如图9-2所示。

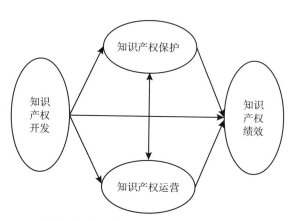

图9-2　知识链知识产权战略体系结构

知识产权开发是知识链知识产权战略体系的基础性要素，只有实施知识产权开发，才能形成知识产权并实现知识产权的积累，然后才能够进行知识产权的保护和知识产权的运营。知识产权开发要立足自主研发，自主研发要建立自己的科技研发队伍，对产品的研发设计生产等环节完全自主控制。知识产权自主开发包括两个过程：一是专业技术能力的形成过程，即知识链产生具有知识产权功能的技术或权益。二是所拥有的技术或权益的产权化过程，只有通过申请专利并获得专利权，设计的软件等取得了版权（著作权）保护，使智力成果以法律形式明确为自己所有，拥有者可以对其进行支配而不受任何人干涉，这样的产品才能称为具有自主知识产权的产品。国人往往重视前者而忽视后者。由此可见，知识产权开发的两个过程都有助于知识产权运营的加强，有助于对知识产权进行保护，同时也会直接提高知识产权的经济效益。

知识链拥有自己的知识产权之后，知识产权战略的重点是知识产权保护与知识产权运营。知识产权保护指依照现行法律法规，对侵犯知识产权的行为进行制止和打击。具体体现为：阻止和打击假冒伪劣产品，阻止和打击商标侵权、专利侵权，阻止和打击著作权侵权、版权侵权等。只有实施知识产权保护，才能维持知识产权的垄断性价值，为产权收益的产生创立潜在的条件。知识产权运营的基本模式是投资、许可、转让和诉讼，各种模式的运用使技术创新、知识产权、标准和产业发展形成良性的互动，建立知识产权与市场需求之间联系的桥梁，从而实现知识产权的市场价值，知识产权保护和知识产权运营有助于提高知识链经济效益，增强知识链核心竞争力，可以预见，专利投资及运营将成为知识经济时代的核心业务。

在知识产权战略体系中，知识产权保护与知识产权运营是两个相辅相成的策略，共同实现对知识产权资本性价值的转换。两者的共同特点是投资大、回报周期长，知识产权运营离不开知识产权保护的支持，否则将失去产权运营的基本条件。知识产权运营也会为知识产权保护提供有效的手段，促进知识产权保护的不断完善[1]。从目前国内知识产权管理实践看，

---

① 官辉，张同建，李明星. 企业知识产权战略体系微观机制研究［J］. 统计与决策，2011（21）：176－178.

知识产权保护与知识产权运营之间表现出显著的促进效应，说明了我国企业知识产权战略体系正在进入稳定的运行状态。知识产权保护是"手段"，而知识产权运营是"目的"，将二者紧密结合起来，同时凸显知识产权运营的重要性，这是未来中国知识产权战略的发展趋势。

9.2.3　产学研合作模式下的高校知识产权战略

产学研合作是典型的知识链合作模式。国内外的实践经验表明：产学研合作是实现科技技术创新、高校人才培育和社会大众服务三者协调发展的合理途径。产学研合作的知识成果往往比较显著，知识产品发明和知识技术创造层出不穷，产学研容易获得知识优势。但是，作为知识合作核心的高校，却面临着知识产权侵权、越权等多种问题。借鉴发达国家的经验，研究目前高校知识产权管理存在的问题，制定产学研合作模式下的高校知识产权战略，保持产学研持续的竞争优势，有着重要的意义。

（1）产学研合作模式下知识产权问题产生的原因。产学研合作模式下知识产权问题产生的首要原因是由产学研的性质决定的。产学研合作的主体是靠契约联结起来的，合作契约可以对知识产权、知识成果等做出明确的规定和监督，但由于各合作主体间存在信息不对称，当面对利益分配时，各个主体的贡献度无法精确量度，容易造成信誉体系的崩溃，导致产学研知识产权被恶意侵权，影响产学研合作的效果。

产学研合作模式下知识产权问题产生的次要原因与我国相关法律法规不健全有关。我国知识产权管理层面缺乏完善的管理体系和有效的运作机制，无法对产学研过程进行有效的管理和保护。产学研合作经常出现的困境是，研发方认为技术已经成熟，可以进行技术转让，企业为此进行了大量的投资，但最后却由于技术标准上无法获得有关技术监督部门的认可而造成产学研合作失败。

（2）产学研合作模式下高校知识产权战略实施对策。在产学研合作模式下的知识产权战略应该构建技术、市场与产权三位一体的实施机制。知识产权创造的过程本质是技术的形成，同时知识产权在法律上确认技术创新；市场是知识产权运用的场所，能够保证知识产权价值的实现和增值，而知识产权同时也是市场繁荣的动力和保证。三者互相影响，互相牵制。

首先，要在政府引导下，加强产学研合作主体的互动。政府是产学研合作的发起人和联络人。政府的职责一方面是制定有利于知识产权创造的法律法规，保障合作主体的利益；另一方面是增加高校知识创造的财政支出，对知识产权给予经济保障。在政府的支持下，高校在进行专利技术创新的时候，应注意与政府、企业、科研院所、中介机构和投融资机构结合，在政府政策法规支持下，高校与其他机构进行联合专利创新，这样可以提高高校知识产权的申请效率，还有利于高校的专利成果向现实生产力转化，缩短知识产权市场应用时间。

其次，高校需要创新知识产权管理模式。在知识产权的创造阶段，高校要建立科研立项审批制度和产学研合作监督制度；在知识产权的管理阶段，高校要健全知识产权成果申报制度、保密制度和保护制度；在知识产权的运用与转化层面，高校要完善知识产权价值评估制度①。建立健全完善的知识产权管理体系，是高校科研改革的重点。

最后，建立合理的知识产权利益分配制度。高校知识产权成果商业转化后，给发明人的经济补偿要合理，根据实际情况需要采取多种形式的分配方式，可以给予一次性的资金奖励或分期给予奖金，也可以把知识产权因素与个人技术股份相结合，制定专利转化后发明人可以占有技术股份的激励政策。总之，要建立专利优先的科研业绩评价和激励制度，保护知识产权人的知识创造行为。

---

① 黄亦鹏，魏国平，李华军. 产学研合作模式下的高校知识产权战略研究［J］. 中国高校科技，2012（7）：70 - 71.

9.3

知识链知识优势向竞争优势转化途径之二：知识链组织柔性

9.3.1　组织柔性与知识链竞争优势的关系

知识链的知识优势获取是建立在知识链动态能力充分发挥作用的基础上的，面对着外部知识环境的不断变化，为了保持知识流动的顺畅，知识链组织需要拥有快速反应的能力，组织的柔性显得至关重要。在《展望2020年：设计未来的组织》一书中，关于推动竞争优势的主要因素的调查结果显示：年营业额50亿美元以上的公司中85％的公司把"弹性组织结构"作为2020年的一个主要竞争优势。可见，现代柔性组织将成为成为未来企业组织赢得竞争优势的主要组织模式。

与其他组织形态一样，知识链组织柔性的目标是提高成员企业在动态环境下的整体竞争优势。组织柔性的基础是知识链成员内部及企业之间在知识获取、知识共享、知识创造等知识活动更大范围内的协调优化和有效集成。单个企业内部的知识生产系统的优化及单个企业来实现柔性的提高是有限的，而知识链组织成员之间的知识合作与知识资源配置在实现柔性提高的同时，能有效实现成本节约、风险分散和对市场需求的敏捷反应，提高知识链整体的竞争优势。

知识链是为应对快速变化的外部知识环境、抓住稍纵即逝的市场机遇组成的一种动态的组织联盟形式，它的成员不是固定的，成员的退出和加入依据知识环境、市场的变化而变化。知识链内部的核心企业往往是该领域内具有较强创新能力和整合能力的企业，它根据知识的互补性组建知识链，可以增加、更换、选择合作伙伴，因此知识链是可重购、可重用和可扩充的，能够抓住机遇，应对竞争环境的挑战①。此外，知识链成员之间在关系型合约的基础上，通过长期的、相对稳定的重复性交易而产生彼此之间的信任，提高了成员企业间的整合协调能力，信任氛围也是获得竞争优势的必要条件之一。

9.3.2　构建柔性知识链的标准

（1）时间性。柔性知识链的构建需通过对其外部知识环境变化反应的时间来决定。根据知识环境变化的类型，柔性知识链的构建可以分为经营柔性知识链、战术柔性知识链以及战略柔性知识链的构建。在经营方面，知识链的柔性是每天都要应对外界知识环境变化如新知识产品的问世；战术方面则是知识链对偶发性变化如颠覆性创新出现的适应能力，偶发性变化一般以月来计算；战略性方面则在知识链构建之初对长期变化的适应能力，长期变化是指涉及知识链各组织部分重要的经营方向、契约设计、知识产品生产能力、信息技术平台等软硬基础设施不是经常性变化的方面，这些变化一般几年发生一次。

（2）不确定性应对。柔性知识链需要对外部知识环境变化做出反应，一种是可预见的变化，知识链通过精确的预测、适当的规划得以解决。另一种是不可预见的变化，这种变化的特点是具有不确定性，而这种不确定性正是利润的来源。对每一个创新主体来说，创新行为的结果都具有很大的不确定。但是由于各主体间的充分合作，每个企业都可以根据自己的知识水平和价值，设定合理的知识期望，通过与合作伙伴充分沟通制定知识协同制度契约，知识链在知识创新的过程中，每个成员企业的知识行为都在制度、契约的框架内发生，而保护知识创新的制度也会和知识创新行为同时发生演进。

（3）网络效应。知识网络是由多条知识链构成的、集知识共享与知

---

①　喻卫斌. 试论企业网络的柔性特征及其维度 [J]. 生产力研究，2006（3）：206 – 207.

识创造等功能于一体的网络体系。知识管理不应该被限定于只对组织内部知识资源进行管理，更应该对组织外部各利益群体、组织机构、政府机关所拥有的一系列与组织运作所需的知识资源加强管理，并将其融入到知识网络中。知识网络的构建，能够为网络成员提供丰富的知识来源，实现来自不同组织的知识跨越空间和时间的整合，有效弥补组织自身知识的不足，实现知识网络中组织之间知识共享与知识创造，提高组织知识管理运作成效，获得竞争优势。

（4）协调性。协调性不仅是知识链组织内部的协调，而且也是这种内部协调性与应对外界变化能力上的一种协调，或者更确切地讲是一种平衡。知识链内部的协调使得知识的流动成为知识链黏合的纽带，知识创造成本大大降低，在合作协同过程中知识快速实现增值，此时研发的知识产品才更具竞争力，利润率才会大大提高，从而获取持续的竞争优势。知识链外部协调是指在知识创新制度和知识创新行为互动的过程中，成员企业的收益期望水平也会不断地进行调整，最终的结果就是接受目前可行的选择（知识协同创新的结果），知识链的运行相对稳定。在知识管理的实践中，信息化实施过程中的"先固化（标准）——再优化——持续优化"原则，正是很好地体现了知识创新行为和知识创新制度良好互动关系，使得知识创新结果更具确定性，从而实现知识链知识优势向竞争优势的转化。

9.3.3 知识链柔性战略的实施过程

组织结构作为组织发挥作用的基石，对其变革时需要从满足长期成长的要求着眼。知识链战略的实施通过变革整合知识链业务流程、组织结构和战略选择来增强知识链的核心能力，提升其竞争优势。从具体实践来看，知识链柔性战略的实施过程一般包括六个阶段，如图9－3所示。

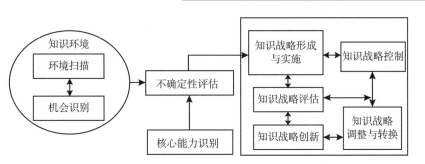

图 9 - 3　知识链柔性战略的实施过程

（1）知识环境扫描和机会识别。环境扫描是知识链对外部知识源重新梳理，以确认会引起行业变化的事件或信号，然后收集、处理和分析这些信息，充实战略信息系统的资源库。机会识别是去掉环境变化中自己无法把握的或能力不够的机会，发现战略机遇、可利用的机会以及威胁组织绩效或生存的条件和事件，为知识链柔性战略的制定和实施做好前期准备。

（2）不确定性评估。评估不确定性本质就是风险管理，管理者要在把握知识环境的基础上研究知识的更新规律，预测知识环境变化的趋势及其可能对知识链产生的影响，然后建立知识环境监测指标体系，随时与知识创新计划比对，最后确定知识链管理战略。评估不确定性还要对知识链组织本身和内部各成员企业的核心能力进行评估和识别，为知识链合作伙伴的选择提供依据。

（3）知识战略形成与实施。知识战略形成是指在对知识链内、外部条件分析基础上，根据组织使命及战略目标，通过选择合适的经营战略，设计经营战略方案并作出评价与决策，同时制定阐明经营战略的政策，最终形成经营战略的过程。知识战略的实施可以分为发动、计划、运作、控制四个步骤。由于知识战略随着知识环境的变化而适度动态调整，战略形成和战略实施已经成为合二为一的动态并行过程，并且一直伴随着整个知识链柔性战略实施的始末。

（4）知识战略调整与转换。知识链运行过程中，不可避免会遇到新技术的迅猛发展、产品进入衰退期、消费者偏好等问题，知识链需要根据这些变化和战略适应性两方面因素对原有战略进行修改和选择，从而不断提高组织运营绩效、创造新的竞争优势。战略柔性是组织柔性的最高表现形式，海尔从"名牌战略"到"多元化战略"再到正在实施的"国际化战略"就是战略柔性的例证。

（5）知识战略创新。随着时间的推移，知识链在行业的战略定位空间会逐渐被不同的组织填满，战略创新是指知识链发现行业战略定位空间中的知识空缺，填补这一空缺，并使之发展成为一个大众市场。知识战略创新体现了柔性战略的主动性、前瞻性和选择性。对于打破企业惯性的战略创新行为而言，企业家的战略创新和群体创新都是保持战略柔性的重要举措。佳能公司之所以挑战施乐在复印机市场的统治地位就是运用了战略创新，它选择了中小型企业和个人用户作为目标市场，强调不同于施乐的质量和价格利益，通过不断地渗透复印机市场，最终发展成为全球销量最大的复印件市场领先者。

（6）知识战略评估与控制。知识战略评估是指检测知识战略实施进展，评价战略执行业绩，不断修正战略决策，以期达到预期目标。知识战略评价包括三项基本活动：考察知识链战略的内在基础；将预期结果与实际结果进行比较；采取纠正措施以保证行动与计划的一致。战略控制是在战略评价的基础上根据主观标准、甚至直觉对战略进行监督、影响和控制。战略控制包括三个基本阶段，即通过环境监控进行前提控制、通过战略评价进行控制、通过特殊事件控制进行战略监督。控制的有效性主要取决于控制是否具有明确的目标，以及对控制目标的及时监控和调整相应的战略行为①。战略实施的控制与战略实施的评价既有区别又有联系，要进行战略实施的控制就必须进行战略实施的评价，只有通过评价才能实现控制，评价本身是手段而不是目的，发现问题实现控制才是目的。战略控制着重于战略实施的过程，战略评价着重于战略实施的结果，战略评价着重

---

① 余东华. 基于模块化网络组织的柔性战略研究［J］. 社会科学辑刊，2010（1）：78－82.

于对战略实施过程结果的评价。

9.4

知识链知识优势向竞争优势转化途径之三：知识链商业模式

9.4.1　知识链商业模式与竞争优势的关系

知识链形成知识优势意味着创造出高水平和高价值的知识产品，但是如果想在市场上赢得竞争优势还必须选择适当的商业模式，以使产品的价值在消费者身上得以体现。著名管理学大师彼得·德鲁克（Peter Drucker）说："当今组织之间的竞争，不是产品之间的竞争，而是商业模式之间的竞争。"① 在商业模式竞争成为趋势的时代，辨识和设计合适的商业模式成为知识链获得竞争优势必须面对的议题。

知识链组建进行知识创造活动的主要目的是创造和获取价值，而消费者是价值的评判者，他们通过"货币投票"来决定知识链所创造价值的大小。澄清客户价值主张，解构知识链价值创造过程，回应知识链价值获取，探究以上三个活动之间的关系，可以明晰商业模式对于知识链竞争优势的获取与保持的推动作用。

客户价值主张在商业模式中是首要因素，因为让客户体验到价值对知识链成功至关重要，通过兴趣吸引和利益引导潜在客户购买知识链的知识产品是价值获取的先决条件。价值主张本质上是提供给顾客的特定利益组合，即知识链通过其产品和服务所能向消费者提供的价值，决定其对消费者的实用意义。苹果和三星建立体验店就是对顾客价值主张的充分尊重。

知识链价值创造以客户价值主张为基础，价值创造的水平取决于目标

---

① 李杰. 国外商业模式研究的最新发展 ［J］. 江苏商论，2010（12）：21-33，82.

客户对新任务、新产品、新服务的新颖性、合适性的主观评价。动态能力理论认为在外部知识环境不确定性条件下，可以通过结构化知识资源组合、整合知识资源构建能力和知识撬动能力来开发市场机会等动态资源管理过程为客户创造价值，构筑竞争优势，最终使知识链创造较高价值。

价值获取经常与价值创造过程、价值保留混淆。知识链价值创造和价值获取应该被视作两个层面的问题，且应该是彼此独立的过程。知识链知识创造的价值增量不会被知识链完全获取或者保留，通过在产品交易市场上讨价还价，交换价值得以实现。因此，价值获取决于交易双方的地位，是由卖方和买方的议价关系所决定的。

从以上分析可以看出，商业模式内部各过程的组合创新能够帮助知识链获得和保持竞争优势。知识链从客户价值主张出发，设计出高知识附加值的产品尽量满足客户的需求，在设计过程中需要重点考虑的是客户支付意愿、获得路径、技能以及时间。在设计知识产品后，知识链需要整合内外部有价值的知识资源进行技术创新、工艺创新、营销渠道等价值创造过程以满足客户的价值主张。在此过程中，知识链作为一个系统需要与市场动态性、技术动态性、产业竞争动态性相匹配，内外部系统相互配合才能逐步改进商业模式，最终帮助知识链获得和保持竞争优势①。

9.4.2 知识链商业模式的选择

根据战略管理学者巴尼和波特的观点，组织的竞争优势主要来自两个方面：一是组织自身所拥有的核心资源和能力，如拥有知识产权、动态能力等；二是组织在市场上所处的竞争位势。知识链经过知识获取、知识共享和知识创造，所生产出来的知识产品具备了其他企业难以得到的有价值、稀缺、不易模仿、难以移动的特征，知识链获得超额利润保持竞争优

---

① 魏江，刘洋，应瑛. 商业模式内涵与研究框架建构［J］. 科研管理，2012（5）：107－114.

势就建立在对这些战略性知识资产的拥有上。

以上只是知识链赢得竞争优势的必要条件。知识链要想最大化其最终利润，还要确保自身创造的价值不被其他组织所侵占和挪用，即需要在自身创造价值的同时还能够从价值链或价值网络的其他价值创造环节中挤占和分享其他组织所创造的价值。能否做到这一点就取决于知识链在产品市场或服务市场上商业模式的运用和推广是否成功。

知识链运用商业模式赢得竞争应该聚焦在价值实现和价值创造上，从商业模式的本质出发，可以总结出商业模式价值创造逻辑的基本维度：①知识链在整个产业或行业中的定位，通过知识链在价值网络中的位置和形态来表示；②知识链的竞争优势通过其是否具备互补性的战略知识资产还是创新性的竞争位势来表示；③知识链在价值网络中能够获得的潜在利润，通过直接影响到的所有价值创造环节来表示。根据曾楚宏等（2008）[①] 对商业模式的研究，可以将知识链商业模式划分成聚焦型商业模式、一体化型商业模式、协调型商业模式、核心型商业模式四种类型。

1. 聚焦型商业模式

聚焦型商业模式是指知识链将自身的知识活动定位于整个产业链中的某一个或几个价值创造环节上，如富士康只负责高端微电子产品的组装。采用聚焦型商业模式的知识链主要是通过贡献新的价值而进入原有的产业链，在其加入之前整个产业链本身就处于有效运转状态，因此知识链的加入只是增加了整个产业总价值的数量，并没有改变原有的价值流动方向和实现方式。知识链采用聚焦型商业模式并不能将自身的竞争优势建立在对核心知识资源的掌控上，而只能通过知识创造的先动优势在产业链中占据先行竞争位势。知识链聚焦型商业模式对原有的价值创造环节的影响力比较小，不容易挤占和分享其他组织从事价值创造所产生的利润，因此采用

---

① 曾楚宏，朱仁宏，李孔岳. 基于价值链理论的商业模式分类及其演化规律 [J]. 财经科学，2008（6）：102 - 110.

这种商业模式类型的知识链能够获得的最终利润只能来源于自身所创造的最大价值，其获得的潜在利润相对较少。

2. 一体化型商业模式

一体化型商业模式是指知识链从事的知识活动覆盖了整条产业价值链的各个环节，如 A 公司商务通的研发就是从入网到成品都全程参与。采用一体化型商业模式的知识链会面对比较激烈的竞争，因为其所从事的产业价值链中每一个价值创造环节中的组织都是它的竞争对手，能够支撑该知识链获得竞争优势是整个产业实现掌控质量更好、数量更多、互补性更强的战略性知识资产。采用一体化型商业模式的知识链所获得的利润取决于整个产业知识活动价值增值的全部份额，因此与聚焦型商业模式相比，采用一体化型商业模式短期内的利润空间不大，但这种商业模式潜在利润较大。

3. 协调型商业模式

协调型商业模式与一体化型商业模式类似，也是指知识链将自身的知识活动覆盖多个价值创造环节，但协调型商业模式所覆盖的价值创造环节不仅是属于一条产业价值链，而是属于数条产业链交叉构成的价值网络，如我国的 TD – SCDMA 产业联盟就是协调大唐、华为、中兴、展讯等公司所组建。知识链采用协调型商业模式不仅会影响每一条产业链的知识价值创造和知识流动过程，也会对整体价值网络的知识价值创造和知识流动过程产生影响。采用协调型商业模式的知识链与整个价值网络外的竞争对手相比，在知识产品生产上没有优势，但由于其知识活动得到内部互补性资源和能力的充分开发和支持，该模式的每个知识创造价值环节都会对其上游价值环节发生关系，因此有可能分享侵占其上游环节创造的价值。其短期利润比较大，潜在利润更大。

4. 核心型商业模式

核心型商业模式是指知识链通过价值创新在价值网络中增加了一个新的价值创造环节，所增加的这个价值环节对网络中的每条产业链和整个网络都有价值增值作用，丰田公司就是通过构筑基于"供应商—专家顾问—经销商—顾客"价值网络获得对同行业的竞争优势。采用核心型商业模式的知识链竞争优势既可以建立在所处的整个价值网络中的核心地位上，又可以建立在网络内部所拥有的支撑其知识创造活动的互补性战略知识资产上。该知识链既具有先动优势，借此可以建立较高的进入壁垒，又可以利用其在网络中的关键地位，侵占或挪用网络中其他组织的价值。因此，知识链采用核心型商业模式不但使其当前的利润最大，其潜在利润在四个模式中也是最大的。

9.4.3　案例分析：L 公司协调型商业模式的应用

L 公司是一家营业额近 300 亿美元的个人科技产品有限公司，客户遍布全球 160 多个国家。L 公司是全球最大个人电脑厂商，名列《财富》世界 500 强，为全球前四大电脑厂商中增长最快。自 1997 年起，L 公司一直蝉联中国国内市场销量第一，占中国个人电脑市场超过三成份额。凭借创新的产品、高效的知识价值链和强大的战略执行，L 公司锐意为全球用户打造卓越的个人电脑和移动互联网产品。集团由 L 公司及前 IBM 个人电脑事业部所组成，在全球开发、制造和销售可靠、优质、安全易用的技术产品及优质专业的服务。L 公司产品系列包括 Think 品牌商用个人电脑、Idea 品牌的消费个人电脑、服务器、工作站，以及包括平板电脑、智能手机和智能电视在内的移动互联网终端产品。

1. L 公司的知识链构建

L 公司作为中国高科技企业创造奇迹的典范，其本身并没有依靠核心技术和价值链上的关键地位赢得竞争优势，而是将发展的战略定位于构筑自身的知识活动覆盖多个价值创造环节的知识链，采用协调型商业模式，内外部知识资源整合的重点不是技术知识创新，而是将技术知识整合应用于自己的产品中。联想生产的产品，每一个部件不一定是自己生产，但整体品牌必须属于 L 公司自己。以 PC 机为例，L 公司的知识链如图 9 - 4 所示。

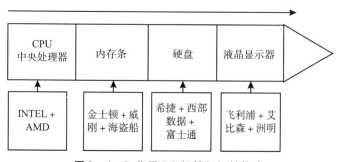

图 9 - 4　L 公司 PC 机的知识链构成

2. L 公司的知识链价值实现形式

经过近 30 年的发展，PC 机市场盈利模式以及竞争优势获取已经形成了一种"微笑曲线模型"。20 世纪 90 年代初，中国台湾宏碁集团董事长施振荣提出"微笑曲线"（smiling curve）的概念，如图 9 - 5 所示。他用一个开口向上的抛物线来描述个人电脑制造流程中各个环节的附加价值，由于曲线类似微笑的嘴型，因此被形象地称为"微笑曲线"。"微笑曲线"总结了一个规律：在抛物线的左侧（价值链上游），随着显示器、内存、CPU 以及配套软件等新技术研发的投入，产品附加价值逐渐上升；在抛物线的右侧（价值链下游），随着品牌运作、销售渠道的建立附加价值逐渐上升；而作为劳动密集型的中间制造、装配环节不但技术含量低、利润空间小，而且市场竞争激烈，容易被成本更低的同行所替代，因此成为整个价值链条中最不赚钱的部分。所谓的"微笑曲线"其实就是"附加价值曲线"，即通过品牌、行销渠道、运筹能力提升工艺、制造、规模的附加价值，也就是要通过向"微笑曲线"的两端渗透来创造更多的价值。

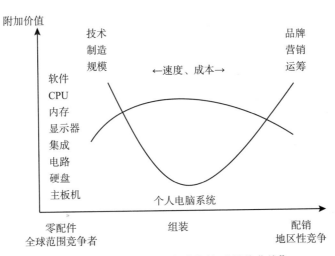

图 9 - 5　施正荣的个人电脑价值"微笑曲线"

　　L 公司公司的价值实现形式正处在"微笑曲线模型"的中间阶段，因为产品中自有知识产权和核心技术含量低，产品很容易被竞争者模仿，行业的平均利润率会随之降低。连现任总裁也承认："L 公司开发和销售的产品知识科技含量不高，附加值低，仅靠运作管理盈利，这样做下去，会越做越累"。L 公司未来的战略应该是往"微笑曲线"的两头延伸，即首先稳定 PC 产业中设计、生产芯片和基础软件这一头，然后去开拓应用和系统集成另一头，而中间组装整机的由于其附加值最低，可以考虑外包或者代加工。

3. L 公司的协调型商业战略模式

　　L 公司由于在单个组织价值创造方面没有明显的优势，在商业模式上采用协调型战略，充分利用其规模大、网络全的特点，与全世界个人计算机领域掌握核心技术的企业结成知识链，建立代理制渠道，使得知识活动得到内外部互补性资源和能力的充分开发和支持，而且每个知识创造价值环节都会对其上游价值环节发生关系，由此在获取先进技术知识方面掌握了先动优势，在与一些小的"攒机商"的竞争中很快击败对手。例如，在新款 CPU 发布以前，L 公司公司都可以第一时间得到 Intel 公司关于新款 CPU 的数据和技术，因此可以比竞争对手抢先开始主板的开发和整机系统的设计，从而获得超额利润。

此外，L 公司实行"贴近市场的研发战略"。公司的员工除了生产人员之外，最优秀的人才都集中在市场拓展和内部管理领域。为了充分发挥 L 公司作为本土最大的民族品牌优势，L 公司将目标商业市场定位在对区域市场的把握和理解上。L 公司力争使个人电脑使用适合中国消费者的特点，迎合中国互联网方兴未艾的浪潮，努力将个人电脑傻瓜化和中文化，积极开发集成化图形操作环境软件，在中国首推上门服务，逐渐占领国内的大部分市场。

9.5

本章小结

本章从产品、组织和商业模式三个维度研究了知识链知识优势向竞争优势的转化。知识产权战略是基于知识链知识产品本身，认为如果知识链能够对产品的知识产权进行保护，那么就可以保证稳定的利润来源，同时也防止因知识外溢而导致的竞争优势丧失；组织结构柔性基于知识链组织结构角度，认为结构柔性可以使得知识链动态应对外部知识环境的变化，从组织层面降低运作惯性，从而获得竞争优势；商业模式针对的是市场，认为知识链如果能够占领市场，为顾客创造价值，在市场交易中可以让消费者获得规模经济和范围经济带来的消费者剩余，那么就能够赢得顾客的"货币投票"从而获得竞争优势。本章分析了联想集团采用协调型商业模式的成功之处，得出知识链管理不能"平均用力"，而是要结合产品市场的特点制定合适的管理策略。

第 *10* 章

总结与展望

10.1
本书解决的问题与主要结论

本书将动态能力研究范式应用于知识链知识优势的形成，提出"知识链知识优势形成路径就是动态能力发展的过程"的观点，将知识链知识优势形成路径解构为知识获取、知识共享和知识创造三个前后相继的阶段，建立了知识链知识优势的指标体系和评价模型，基于动态能力视角下分析了知识链知识优势的维持机理，最后讨论了知识链知识优势向竞争优势转化的方式。本研究主要结论如下：

（1）知识链动态能力是知识链在不断变化的环境中对内外部知识资源进行处理的过程性能力。知识链知识优势的形成本质上是知识链动态能力发挥作用的结果。知识链知识优势的形成第一阶段表现为对内外部知识的搜寻识别，第二阶段表现为对新知识的共享吸收，第三阶段表现为新知识的创造应用，将知识链知识优势形成一般路径概括为：知识获取→知识共享→知识创造，三个阶段也是知识动态能力演进前后相继的过程。

（2）本书构建了知识链知识优势形成路径的理论模型，并结合具体的案例分析了该理论模型的合理性；从知识静态优势和知识动态优势两个维度建立了知识链知识优势评价指标体系，结合算例，运用模糊综合评价技术对知识链知识优势进行评价，验证了评价指标体系和评价模型的有效性和实用性。

（3）本书认为知识势差是知识链知识获取的动力。研究了基于知识势差的知识链知识获取过程，并从知识主体数和知识丰富度两个角度分析了知识链知识获取效率；本书分别研究知识链成员特点、成员之间的关系、知识链自身特点三者对知识链知识获取的影响，建立了知识链知识获取影响因素概念模型路径图；本书还讨论了知识链知识获取的技术，并结合案例演示了技术的应用。

（4）本书认识了知识共享的重要意义，分析了知识链知识共享的主体要素和客体要素；将知识链知识共享活动细分为知识集成、知识转化和知识反馈三个过程，并从利益、法律、社会三个角度研究了知识链知识共享的协调机制；本书最后重点研究了知识链知识共享的信誉问题，通过构建知识链知识共享信誉均衡模型，找到了知识共享区间即知识共享可实施范围，提出了促进和激励知识链知识共享行为的策略。

（5）本书构造了知识链知识创造系统动力机制的 ERP—GDE 模型，刻画出了知识链知识创造动力机制运行周期，提出了增强知识创造动力的政策；本书将知识链知识创造模式划分为元件创新与架构创新、概念创新与路径创新、协同创新与网络创新，构建了知识创造模式三维结构图，并结合三个案例分析了每个模式的应用领域及对我国知识管理实践的指导意义。

（6）本书基于动态能力培育和发展的角度研究了知识链知识优势维持的机理，在分析知识刚性对知识优势负面影响的基础上，研究了动态能力对知识刚性的克服作用。首先，剖析了知识管理、组织学习和动态能力三者之间的关系；强调了知识管理对知识优势形成的重要性；其次，探讨了联盟能力对知识链知识优势形成的意义及影响机理，认为联盟能力是知识链知识优势维持的源泉；最后，分析了知识流程再造、动态能力、知识链知识优势的关系，得出了知识流程再造是知识链知识优势维持的关键的结论。

（7）本书从产品、组织和商业模式三个维度研究了知识链知识优势向竞争优势的转化。知识产权战略是基于知识链知识产品本身，认为如果知识链能够对产品的知识产权进行保护，那么就可以保证稳定的利润来源，同时也防止因知识外溢而导致的竞争优势丧失；组织结构柔性基于知识链组织结构角度，认为结构柔性可以使得知识链动态应对外部知识环境的变化，从组织层面降低运作惯性，从而获得竞争优势；商业模式针对的是市场，认为知识链如果能够占领市场，为顾客创造价值，在市场交易中可以让消费者获得规模经济和范围经济带来的消费者剩余，那么就能够赢得顾客的"货币投票"从而获得竞争优势。本书分析了联想采用协调型商业模式的成功之处，得出知识链管理不能"平均用力"，而是要结合产品市场的特点制定合适的管理策略。

10.2

研究的不足及展望

（1）将动态能力理论和知识链知识优势结合仍显生硬。优势是一种比较状态，而能力的形成是一个过程，两者需要一个共同的理论框架。未来的研究要多参考竞争优势来源、形成相关文献，更多凸显知识的动态作用，努力挖掘基于知识的组织绩效、优势的学术富矿。

（2）本书将知识链知识优势形成路径抽象为三阶段：知识获取、知识共享、知识创造。在现实中，仅仅某一个知识活动就可能获得知识优势，而且每阶段的知识活动还有可能出现包含关系和重复交叉，用线性关系概括知识优势形成路径是不严密的，需要进一步完善。

（3）如何从知识的视角出发对动态能力进行明确的界定，知识动态能力仍需一个内涵明确、边界清晰的概念构思以及与之对应的、可操作的测度体系。本书只是以动态能力理论为切入点来研究知识链知识优势，将动态能力视为过程性能力，将动态能力的资源观、能力观整合为一个统一的研究视角缺少共同基础，基于知识的动态能力概念需要厘清。

（4）知识链知识优势向竞争优势的转化机制仍需进一步阐释，从产品、组织和商业模式三个维度研究两者的转化需要整合到一个框架内，而且只是用理论实证来阐述，缺少经验实证的补充。转化本身是个动态的过程，而本书用相对静态的模型来论证，说服力不够，因此需要寻找连接知识优势向竞争优势转化的桥梁，而且应该是"可行通道"。

（5）本书对知识共享信誉的研究受假设条件的限制，结论不具备普遍意义。知识共享更多时候是知识对等地位的交换和转化，这也更符合现实世界的情况，而且研究假设信息是对称的，这些假设都屏蔽掉很多真实的信息。因此，放松假设条件，使研究结论更好适用于现实是今后研究的努力方向。

（6）研究方法偏重于理论实证研究，需要进一步运用经验实证方法。本书以概念性、描述性、逻辑推理的定性研究为主，所提出的模型也多属概念模型，尚缺乏一些必要的定量分析方法，尤其是来自企业的真实数据和管理案例，未来的研究必须立足于大量的问卷调查和实地研究，所得结论才可以为知识链管理提供理论指导和决策依据。重视数据分析，增大样本容量，是今后研究需要完善的地方。

参 考 文 献

中文文献

[1] 顾新，郭耀煌，李久平．社会资本及其在知识链中的作用 [J]．科研管理，2003，24（5）：44-48.

[2] 程强，顾新，全力．知识链的知识协同管理研究 [J]．图书馆学研究，2017（17）：2-7.

[3] 王娟茹，罗岭．团队动态能力、创新与研发绩效的关系研究 [J]．华东经济管理，2013（10）：167-173.

[4] 冯军政，魏江．国外动态能力维度划分及测量研究综述与展望 [J]．外国经济与管理，2011（7）：26-34.

[5] 李兴旺，高鸿雁，武斯琴．动态能力理论的演进与发展：回顾及展望 [J]．科学管理研究，2006，29（2）：92-97.

[6] 宝贡敏，龙思颖．企业动态能力研究：最新述评与展望 [J]．外国经济与管理，2015，37（7）：74-87.

[7] 张振森，戚桂杰．基于信息系统资源的企业动态能力提升研究 [J]．科技管理研究，2016，36（12）：187-191.

[8] 李宗洁，王玉荣，杨震宁，余伟．事件冲击力对高技术企业研发绩效的影响——以动态能力为调节变量 [J]．科技进步与对策，2018，35（1）：28-34.

[9] 汪涛，陆雨心，金珞欣．动态能力视角下组织结构有机性对逆向国际化绩效的影响研究 [J]．管理学报，2018，15（2）：174-182.

[10] 郑素丽，章威，吴晓波．基于知识的动态能力：理论与实证

[J]. 科学学研究，2011（3）：405－411.

[11] 董俊武，黄江圳，陈震红. 基于知识的动态能力演化模型研究[J]. 中国工业经济，2004（2）：77－85.

[12] 胡钢，曹兴. 知识视角下动态能力对多元化战略影响的研究[J]. 科研管理，2014，35（9）：98－105.

[13] 梁娟，陈国宏. 多重网络嵌入与集群企业知识创造绩效研究[J]. 科学学研究，2015，33（1）：90－97.

[14] 孙红霞，生帆，李军. 基于动态能力视角的知识流动过程模型构建[J]. 图书情报工作，2016，60（14）：39－46.

[15] Ruggles R，Holtshouse，D. 知识优势：新经济时代市场制胜之道[M]. 吕巍，等译. 北京：机械工业出版社，2001.

[16] 谢康，吴清津，肖静华. 企业知识分享、学习曲线与国家知识优势[J]. 管理科学学报，2002（4）：14－21.

[17] 曾珠. 从知识优势培育角度谈中国对外贸易战略调整[J]. 国际经贸探索，2009，25（7）：23－27.

[18] 曾珠. 知识竞争、知识优势及其培育[J]. 金融与经济，2010（7）：34－46.

[19] 杨稣，邓俊荣. 基于知识互动视角的发展中国家价值链提升研究[J]. 华东经济管理，2011（12）：72－74.

[20] 许晓冰，孙九龄，吴泗宗. 虚拟主导企业如何保持其知识优势[J]. 上海理工大学学报（社会科学版），2006，28（2）：67－71.

[21] 李久平，顾新，王维成. 知识链管理与知识优势的形成[J]. 情报杂志，2008（3）：50－53.

[22] 唐承林，顾新. 知识网络知识优势的种群生态学模型研究[J]. 科技进步与对策，2010（20）：133－135.

[23] 刘谷金，盛小平. 从价值链管理到知识价值链管理——企业获取竞争优势的必然选择[J]. 湘潭大学学报（哲学社会科学版），2011（9）：76－81.

[24] 黄本笑，张婷．知识优势——现代制造业的追求 [J]．科技管理研究，2004 (4)：68-70，80.

[25] 陆源，朱邦毅．浅析网络银行竞争的知识优势 [J]．商业时代·理论，2005 (23)：54-55.

[26] 李其玮，顾新，赵长轶．产业创新生态系统知识优势评价体系——以成都市高新区 89 家科技企业为样本的实证分析 [J]．中国科技论坛，2018 (1)：37-46.

[27] 李其玮，顾新，赵长轶．产业创新生态系统知识优势的演化阶段研究 [J]．财经问题研究，2018 (2)：48-53.

[28] 刘开春．论基于知识优势的竞争战略 [M]．西南财经大学出版社，2003：3.

[29] 易敏利，刘开春．论基于知识优势的竞争战略 [J]．西南民族大学学报·人文社科版，2004，25 (2)：253-256.

[30] 董小英．知识优势的理论基础与战略选择 [J]．北京大学学报 (哲学社会科学版)，2004，41 (4)：37-44.

[31] 徐勇．企业知识优势的丧失过程与维持机理分析 [J]．学术研究，2004 (5)：26-31.

[32] 周颖，王家斌．企业知识优势形成的理论分析 [J]．科技与管理，2005 (3)：34-36.

[33] 张骁．跨国公司构建知识优势的条件分析 [J]．科技进步与对策，2005 (8)：129-131.

[34] 余世英．我国企业建立知识优势的战略思考 [J]．情报杂志，2006 (3)：92-93，91.

[35] 王小燕．追求知识优势是企业信息化建设的重要目标 [J]．商业经济文荟，2006 (4)：99-101.

[36] 王晓晴，刘涛．知识优势与企业跨国经营的内在机理研究 [J]．全国商情 (经济问题研究)，2008 (11)：115-116.

[37] 曾珠．从比较优势、竞争优势到知识优势——日本知识产权战

略对中国的启示 [J]. 云南财经大学学报, 2008, 23 (6): 50 - 55.

[38] 任倩楠. 论知识优势在企业跨国经营中的作用——以通信设备制造业为例 [M]. 广州: 广东外语外贸大学出版社, 2009, 29.

[39] 杨秋生. 打造企业的知识优势 [J]. 企业改革与管理, 2009 (7): 25 - 26.

[40] 朱秀梅, 张妍, 陈雪莹. 组织学习与新企业竞争优势关系——以知识管理为路径的实证研究 [J]. 科学学研究, 2011 (7): 745 - 755.

[41] 李其玮, 顾新, 赵长轶. 产业创新生态系统知识优势的内涵、来源与形成 [J]. 科学管理研究, 2016, 34 (5): 53 - 56.

[42] [美] 彼得·德鲁克. 知识管理 [M]. 杨开峰译. 北京: 中国人民大学出版社, 1999.

[43] 徐勇. 企业知识优势的丧失过程与维持机理分析 [J]. 学术研究, 2004 (5): 26 - 31.

[44] 顾新. 知识链管理——基于生命周期的组织之间知识链管理框架模型研究 [M]. 成都: 四川大学出版社, 2008.

[45] 程强, 顾新, 全力. 知识链的知识协同管理研究 [J]. 图书馆学研究, 2017 (17): 2 - 7.

[46] 马国臣. 基于企业团队和员工个体双重视角的知识管理 [M]. 北京: 经济科学出版社, 2007.

[47] 张文亮, 徐跃权. 论知识组织的三个层次 [J]. 情报资料工作, 2011 (1): 41 - 45.

[48] 姜大鹏, 赵江明, 顾新. 知识链成员之间的知识整合 [J]. 中国科技论坛, 2010 (8): 121 - 125.

[49] 刘谷金, 盛小平. 从价值链管理到知识价值链管理——企业获取竞争优势的必然选择 [J]. 湘潭大学学报 (哲学社会科学版), 2011 (9): 76 - 81.

[50] 林榕航. 知识管理原理 [M]. 厦门大学出版社, 2005.

[51] 吴金希. 用知识赢得优势——中国企业知识管理模式与战略

［M］．北京：知识产权出版社，2008．

［52］陆有美，程结晶．学科知识门户发展的思维视觉探讨［J］．新世纪图书馆，2011（5）：23－28．

［53］魏斌．企业获取知识资产的行为结构及模式选择［D］．西安交通大学博士学位论文，2003．

［54］李景峰，陈雪．企业知识获取——以"汾酒股份"为例［J］．图书情报工作，2009（2）：96－103．

［55］牛力娟，卢启程．电子商务企业的客户知识获取过程研究［J］．中国管理科学，2007（6）：18－20．

［56］李纲，刘益．知识共享、知识获取与产品创新的关系模型［J］．科学学与科学技术管理，2007（7）：103－107．

［57］李自杰，李毅，郑艺．信任对知识获取的影响机制［J］．管理世界，2010（8）：179－180．

［58］喻晓，陈浩然．市场导向、外部知识获取与自主创新关系研究［J］．科技进步与对策，2011（12）：75－78．

［59］范钧，王进伟．网络能力、隐性知识获取与新创企业成长绩效［J］．科学学研究，2011（9）：1365－1373．

［60］杨隽萍，唐鲁滨．浙江省创业者社会网络对创业绩效影响研究［J］．情报科学，2011（12）：1877－1881．

［61］樊钱涛．知识源、知识获取方式与产业创新绩效研究［J］．科研管理，2011（7）：29－35．

［62］舒成利，胡一飞，江旭．战略联盟中的双元学习、知识获取与创新绩效［J］．研究与发展管理，2015，27（6）：97－106．

［63］刘学元，刘璇，赵先德．社会资本、知识获取与创新绩效：基于供应链视角［J］．科技进步与对策，2016，33（4）：119－126．

［64］余红剑，喻静娴．产业集群内新创企业知识获取研究［J］．科学管理研究，2017，35（5）：87－90．

［65］杨保军．外部知识获取、品牌进化与营销绩效实证研究［J］．

企业经济，2018（1）：44－50.

　[66] 李芸，王道劬，万兴. 技术联盟中的企业知识获取研究 [J].
统计与决策，2011（11）：57－60.

　[67] 张省，顾新. 知识链知识优势的形成与评价研究 [J]. 情报资
料工作，2012（3）：24－28.

　[68] 李纲，刘益. 知识共享、知识获取与产品创新的关系模型 [J].
科学学与科学技术管理，2007（7）：103－107.

　[69] 李随成，高攀. 影响制造企业知识获取的探索性因素研究——
供应商网络视角 [J]. 科学学研究，2010（10）：1540－1546.

　[70] 苏敬勤，林海芬. 管理者社会网络、知识获取与管理创新引进
水平 [J]. 研究与发展管理，2011（6）：25－34.

　[71] 熊捷，孙道银. 企业社会资本、技术知识获取与产品创新绩效
关系研究 [J]. 管理评论，2017，29（5）：23－39.

　[72] 胡思康，曹元大. Web 网页知识获取技术 [J]. 北京理工大学
学报，2006（12）：1065－1068.

　[73] 牛力娟，卢启程. 电子商务企业的客户知识获取过程研究 [J].
情报杂志，2007（6）：18－20.

　[74] 周翼，张晓冬，郭波. 面向产品创新设计的网络知识获取及挖
掘 [J]. 现代制造工程，2010（6）：20－23.

　[75] 姚金国，代志龙. 基于文本分析的知识获取系统设计与实现
[J]. 计算机工程，2011（2）：157－159.

　[76] 刘征，鲁娜，孙凌云. 面向概念设计过程的隐性知识获取方法
[J]. 机械工程学报，2011（7）：184－191.

　[77] 羊柳，傅柱，王日芬. 概念设计中的设计过程知识获取研究
[J]. 数据分析与知识发现，2018，2（2）：29－36.

　[78] 胡洁，彭颖红. 企业信息化与知识工程 [M]. 上海：上海交通
大学出版社，2009.

　[79] 谌志群，张国煊. 文本挖掘研究进展 [J]. 模式识别与人工智

能，2005，18（1）：65－74.

　　［80］谌志群，张国煊．文本挖掘与中文文本挖掘模型研究［J］．情报科学，2007，25（7）：1046－1051.

　　［81］李小庆．银行数据挖掘与知识发现技术全景分析［J］．华南金融电脑，2010（11）：44－47.

　　［82］凌传繁．Web挖掘技术在电子商务中的应用［J］．情报杂志，2006（1）：93－95.

　　［83］阮光册．基于文本挖掘的网络媒体报道研究［J］．图书情报工作网刊，2011（6）：24－31.

　　［84］芮明杰，方统法．知识与企业持续竞争优势［J］．复旦学报（自然科学版），2003，42（3）：721－727.

　　［85］竹内弘高，野中郁次郎．知识创造的螺旋：知识管理理论与案例研究［M］．北京：知识产权出版社，2006：90－95.

　　［86］吴金希．用知识赢得优势——中国企业知识管理模式与战略［M］．北京：知识产权出版社，2008.

　　［87］林榕航．知识管理原理［M］．厦门大学出版社，2005：117－126.

　　［88］胡平波．网络组织合作创新中的知识共享及协调机制［M］．北京：中国经济出版社，2009.

　　［89］谈正达，王文平，谈英姿．产业集群的知识共享机制的演化博弈分析［J］．运筹与管理，2006，15（2）：56－59.

　　［90］樊斌，鞠晓峰．跨企业知识共享博弈分析［J］．商业研究，2008（12）：93－95.

　　［91］计国君，于文鹏．供应链企业间知识共享的动力研究［J］．科学学与科学技术管理，2010（11）：66－74.

　　［92］赵书松，廖建桥．团队性绩效考核对个体知识共享行为影响的实证研究［J］．图书情报工作，2011（24）：90－96.

　　［93］阮国祥，阮平南，宋静．创新网络成员知识共享演化博弈仿真

分析 [J]. 情报杂志, 2011 (2): 100 - 104.

[94] 唐淑兰. 供应链企业间知识共享的影响因素及策略研究 [J]. 信息系统工程, 2012 (6): 110 - 111.

[95] 胡远华, 董相苗. 员工信任关系对知识转移促进作用的实证研究 [J]. 情报科学, 2015 (9): 81 - 87.

[96] 于旭, 宋超. 跨组织合作中知识获取障碍与应对策略研究 [J]. 情报理论与实践, 2015, 38 (2): 50 - 54.

[97] 张悟移, 王得首. 基于引力成本的供应链知识共享改进研究 [J]. 科技管理研究, 2018, 38 (2): 156 - 160.

[98] 姚海鑫. 经济政策的博弈论分析 [M]. 北京: 经济管理出版社, 2001.

[99] 聂辉华. 声誉、契约与组织 [M]. 北京: 中国人民大学出版社, 2009.

[100] 元利兴, 宣国良. 知识创造机理: 认识论——本体论的观点 [J]. 科学管理研究, 2002 (6): 7 - 23.

[101] 元利兴, 宣国良. 知识创造机理: 认识论——本体论的观点 [J]. 科技进步与对策, 2003 (3): 22 - 24.

[102] 吴泽桐, 蓝海林. 战略联盟的知识创造 [J]. 科学学与科学技术管理, 2003 (10): 49 - 53.

[103] 谯欣怡, 黄娟. 大学知识联盟中知识创造的动态过程 [J]. 高教发展与评估, 2005 (2): 55 - 57.

[104] 王冬春, 汪应洛. 基于知识创造的知识联盟动态模型研究 [J]. 科学学与科学技术管理, 2007 (3): 94 - 97.

[105] 任利成, 吴翠花, 万威武. 基于联盟网络的知识创造与服务创新互动关系研究 [J]. 科学学与科学技术管理, 2007 (8): 54 - 58.

[106] 江旭, 高山行. 战略联盟中的知识分享与知识创造 [J]. 情报杂志, 2007 (7): 8 - 10.

[107] 张明, 江旭, 高山行. 战略联盟中组织学习、知识创造与创新

绩效的实证研究 [J]. 科学学研究, 2008 (4): 868 – 873.

[108] 彭灿, 胡厚宝. 知识联盟中的知识创造机制: BaS – C – SECI 模型 [J]. 研究与发展管理, 2008 (1): 118 – 122.

[109] 赵大丽, 孙锐, 卢冰. 基于组织视角的动态联盟知识创造机制 [J]. 科学学与科学技术管理, 2008 (10): 113 – 117.

[110] 郭慧, 李南, 徐颖. 企业导师制过程中知识创造效果研究 [J]. 情报理论与实践, 2011 (8): 65 – 68.

[111] 赵炎, 王冰. 战略联盟网络的结构属性、资源属性与企业知识 创造——基于中国生物医药产业的实证研究 [J]. 软科学, 2014, 28 (7): 59 – 64.

[112] 谢宗杰. 知识异质性特征、研发投资策略与创新联盟稳定性 [J]. 外国经济与管理, 2015, 37 (8): 65 – 77.

[113] 罗彪, 梁樑. 组织学习理论与实施模型 [J]. 研究与发展管 理, 2003 (4): 35 – 39.

[114] 周颖, 王家斌. 虚拟组织中的知识转化和学习模式研究 [J]. 科技管理研究, 2006 (1): 140 – 142.

[115] 赵大丽, 孙锐. 虚拟企业知识创造机理分析 [J]. 科技管理研 究, 2008 (4): 256 – 259.

[116] 程红莉. 知识创造场的动力机制与管理模式研究 [J]. 科技进 步与对策, 2011 (2): 133 – 136.

[117] 商淑秀, 张再生. 虚拟企业知识共享演化博弈分析 [J]. 中国 软科学, 2015 (3): 150 – 157.

[118] 张保仓, 任浩. 虚拟组织持续创新: 内涵、本质与机理 [J]. 科技进步与对策, 2017, 34 (2): 1 – 8.

[119] 吴冰, 刘仲英. 供应链协同的知识创造模式研究 [J]. 情报杂 志, 2007 (10): 2 – 4.

[120] 骆温平, 戴建平. 物流企业与供应链成员多边合作价值创造机 理及实现——基于组织间学习效应视角 [J]. 吉首大学学报 (社会科学

版），2016，37（6）：24-30.

　　[121] 李宏辉，刘刚．产业集群知识转化分析 [J]．华东理工大学学报（社会科学版），2006（1）：62-65.

　　[122] 张丹宁，杜晓君．知识密集型服务企业在中小企业集群知识创造中的功能分析 [J]．东北大学学报（社会科学版），2007（3）：228-232.

　　[123] 饶扬德．基于SECI的区域知识创造中心构建 [J]．科技进步与对策，2007（1）：97-100.

　　[124] 窦红宾，王正斌．网络结构、知识资源获取对企业成长绩效的影响——以西安光电子产业集群为例 [J]．研究与发展管理，2012（1）：44-51.

　　[125] 姚家万，欧阳友权．创意产业集群知识创造与分配机理研究 [J]．湖南科技大学学报（社会科学版），2015，18（1）：94-100.

　　[126] 李浩，黄剑，张红杰．集群体系知识及其创造机制分析——基于大连软件园的案例研究 [J]．情报杂志，2016，35（1）：201-207.

　　[127] 党兴华，李莉．技术创新合作中基于知识位势的知识创造模型研究 [J]．中国软科学，2005（11）：143-148.

　　[128] 党兴华，李莉，薛伟贤．企业技术创新合作中的知识创造 [J]．经济管理，2006（5）：36-39.

　　[129] 余东华，芮明杰．模块化网络组织中的知识流动与技术创新 [J]．上海管理科学，2007（1）：20-26.

　　[130] 李杰．国外商业模式研究的最新发展 [J]．江苏商论，2010（12）：21-23.

　　[131] 马鹤丹．基于区域创新网络的企业知识创造机理研究 [J]．科技进步与对策，2011（1）：136-139.

　　[132] 张鹏程，彭菡．科研合作网络特征与团队知识创造关系研究 [J]．科研管理，2011（7）：104-112.

　　[133] 王福涛，钟书华．集聚耦合对创新集群演化的影响研究 [J]．

中国科技论坛，2009（3）：38－42.

［134］丁堃.开放式自主创新系统及其应用［M］.北京：科学出版社，2010.

［135］宋保林，李兆友.技术创新过程中技术知识流动何以可能［J］.东北大学学报（社会科学版），2010（7）：289－293.

［136］郑展.知识流动与区域创新网络［M］.北京：中国经济出版社，2010.

［137］熊鸿军，戴昌钧.技术变迁中的路径依赖与锁定及其政策含义［J］.科技进步与对策，2009（11）：94－97.

［138］范柏乃.城市技术创新透视［M］.北京：机械工业出版社，2003.

［139］李士等.创新理论导论［M］.安徽：中国科学技术大学出版社，2009：2－13.

［140］彼得·德鲁克.创新与创业精神［M］.张炜译.上海：上海人民出版社，2002：31－37.

［141］杨燕，高山行.基于知识观的三种自主创新模式的实证研究［J］.科学学研究，2010，28（4）：626－634.

［142］王众托.系统集成创新与知识的集成和生成［J］.管理学报，2007（5）：103－107.

［143］蒋天颖，张一青，王俊江.企业社会资本与竞争优势的关系研究——基于知识的视角［J］.科学学研究，2010，28（8）：1212－1221.

［144］柳卸林.基于本土资源的重大创新——汉字信息处理系统案例研究［J］.中国软科学，2006（12）：44－51.

［145］张永成，郝冬冬.知识能力与开放式创新流程的一致性：朗讯与思科的案例研究［J］.图书情报工作，2006，55（18）：70－73.

［146］彭双，顾新，吴绍波.技术创新链的结构、形成与运行［J］.科技进步与对策，2012，29（9）：4－7.

［147］刘立.创新型企业及其成长［M］.科学出版社，2010.

［148］顾新，李久平，王维成．基于生命周期的知识链管理研究［J］．科学学与科学技术管理，2007，28（3）：98－103．

［149］［美］鲁迪·拉各斯，丹·霍尔特休斯．知识优势——新经济时代市场制胜之道［M］．北京：机械工业出版社，2002．

［150］李久平，顾新，王维成．知识链管理与知识优势的形成［J］．情报杂志，2008（3）：50－53．

［151］张梅．公共图书馆社会价值评估模型构建——基于模糊综合评价法的评估模型研究［J］．情报科学，2011（2）：261－265．

［152］谢季坚，刘承平．模糊数学方法及其应用［M］．武汉：华中科技大学出版社，2005．

［153］朱永跃，马志强，陈永清．企业绿色技术创新环境的多级模糊综合评价［J］．科技进步与对策，2010（9）：102－105．

［154］江积海，刘敏．动态能力与知识管理比较研究及其作用机理［J］．科技进步与对策，2012（1）：118－121．

［155］张雪平．知识管理视角下企业动态能力的提升［J］．企业经济，2012（10）：30－33．

［156］张公一，卢雅艳，徐爽．知识联盟网络能力对企业创新绩效的影响研究［J］．图书情报工作，2012（6）：101－119．

［157］http：//baike.baidu.com/view/677710.htm.

［158］樊治平，王建宇，陈媛．一种基于知识缺口分析的知识流程再造方法［J］．科研管理，2005（9）：96－101．

［159］王建刚，吴洁，张青，尹洁．知识流管理与动态能力的关系机理研究［J］．图书与情报，2011（6）：33－37．

［160］赫尔曼·哈肯．协同学：大自然构成的奥妙［M］．凌复华译．上海：上海译文出版社，2005．

［161］李曙华．从系统论到混沌学［M］．南宁：广西师范大学出版社，2002．

［162］胡昌平，晏浩．知识管理活动创新性研究之协同知识管理

［J］．中国图书馆学报，2007（3）：95 – 97.

［163］樊治平，冯博，俞竹超．知识协同的发展及研究展望［J］．科学学与科学技术管理，2007（11）：85 – 91.

［164］佟泽华．知识协同的内涵探析［J］．情报理论与实践，2011，34（11）：11 – 15.

［165］佟泽华．知识协同及其与相关概念的关系探讨［J］．图书情报工作，2012，56（8）：107 – 112.

［166］杨小云，陈雅．知识需求与提供研究［J］．情报杂志，2004（3）：89 – 93.

［167］李朝明，刘静卜．企业协同知识创新中的知识共享研究［J］．中国科技论坛，2012（6）：96 – 101.

［168］陆有美，程结晶．学科知识门户发展的思维视觉探讨［J］．新世纪图书馆，2011（5）：23 – 28.

［169］张省，顾新．知识链知识优势的形成与评价［J］．情报资料工作，2012（3）：24 – 28.

［170］董春雨．试析序参量与役使原理的整体方法论意义［J］．系统科学学报，2011，19（2）：17 – 21.

［171］约·熊彼特．经济发展理论．［M］．北京：商务印书馆，2000：73 – 74.

［172］曾德明，覃荔荔，王业静．产业集群知识网络中粘滞知识的转移机理研究［J］．财经理论与实践，2009，30（3）：97 – 101.

［173］傅荣，裘丽，张喜征，胡湘云．产业集群参与者交互偏好与知识网络演化：模型与仿真［J］．中国管理科学，2006，14（4）：128 – 133.

［174］李文博，郑文哲，刘爽．产业集群中知识网络结构的测量研究［J］．科学学研究，2008（8）：787 – 792.

［175］张永安，付韬．集群创新系统中知识网络的界定及其运作机制研究［J］．科学学与科学技术管理，2009（1）：92 – 101.

［176］司训练．知识生产网络的进化研究［M］．北京：经济科学出版社，2007：43－49.

［177］李志青．社会资本技术扩散和可持续发展［M］．上海：复旦大学出版社，2005：118－121.

［178］万君．知识网络的形成与演化研究.［D］．四川大学博士论文，2010：116－122.

英文文献

［179］Teece D. J, pisano G, Shuen A. 动态能力和战略管理［J］. Strategic Management Journal，1997，18（7）：509－533.

［180］Barreto I. Dynamic capabilities：A review of past research and an agenda for the future［J］. Journal of Management，2010，36（1）：256－280.

［181］Zollo M，Winter S. G，From organizational routines to dynamic capabilities. A working paper of the Reginald H［M］. Jones Center，the Wharton School University of Pennsylvania，1999.

［182］Eisenhardt K. M.，Martin J. A. Dynamic capabilities：What are they?［J］. Strategic Management Journal，2000（21）：1105－1121.

［183］Teece D. J.，Explicating dynamic capabilities：The nature and micro foundations of（sustainable）enterprise performance［J］. Strategic Management Journal，2007，28（13）：1319－1150.

［184］Wei，Shen，The dynamics of the CEO－board relationship：An evolutionary perspective［J］. Academy Management Review，2003，28（3）：466－475.

［185］Williamson O. E. Strategy research：Governance and competence perspectives［J］. Strategic Management Journal，1999，20（12）：1087－1108.

［186］Zahra S. Sapienza，H. and Davidson，P. Entrepreneurship and dynamic capabilities：A review，model and research agenda［J］. Journal of Management Studies, 2006, 43 (4): 917 –955.

[187] Teece D, and Pisano, G. The Dynamic Capabilities of Firms: An Introduction [J]. Industrial And Corporate Change, 1994, 3 (3): 537 –556.

[188] Zollo M., Winter, S. G.. Deliberate learning and the evolution of dynamic capabilities [J]. Organization Science, 2002, 13: 339 –351.

[189] Helfat C. E., Finkelstein, S., Mitchell, W., Peteraf, M., Singh, H., Teece, D. and Winter, S. Dynamic Capabilities: Understanding Strategic Change in Organizations [M]. London: Blackwell.

[190] Wang C. and Ahmed, P. Dynamic capabilities: a review and research agenda [J]. International Journal of Management Reviews, 9: 31 – 511.

[191] Pavlou P. A, E. l. Sawy O. A. Understanding the elusive black box of dynamic capabilities [J]. Decision Sciences, 2011, 42 (1): 239 –273.

[192] Wang C. L, Senaratne C, Rafiq M. Success traps, dynamic capabilities and firm performance [J]. British Journal of Management, 2015, 26 (1): 26 –44.

[193] Wilhelm H., Schlmer M., Maurer I. How dynamic capabilities affect the effectiveness and efficiency of operating routines under high and low levels of environmental dynamism [J]. British Journal of Management, 2015, 26 (2): 327 –345.

[194] Zhou K. Z., and Li, C. B. How Strategic Orientations Influence the Building of Dynamic Capability in Emerging Economies [J]. Journal of Business Research, 2010, 63 (3): 224 –231.

[195] DaVing E, and Gooderham, P N. Dynamic Capabilities As Antecedents of The Scope of Related Diversification: The Case of Smallfirm Accountancy Practices [J]. Strategic Management Journal, 2008, 29 (8): 841 –857.

[196] Danneels E. Trying to Become a Different Type of Company: Dynamic Capability at Smith Corona [J]. Strategic Management Journal, 2010,

32（1）：1 - 31.

［197］Teece D. J. , 1998, "Capturing value from know ledge assets: the new economy, markets for know-how , and intangible assets", California Management Review, 40: 5579.

［198］Spender J. C. , Grant R. M. Kowledege and the firm: oberview ［J］. Strategic Management Journal, 1996, 17: 5 - 9.

［199］Wang E. , Klein G. , Jiang J. J. IT Support in Manufacturing Firms for a Knowledge Management Dynamic Capability Link to Performance ［J］. International Journal of Production Research, 2007, 45（11）: 2419 - 2434.

［200］Yuqian Han, Dayuan Li. Effects of Intellectual Capital on Innovative Performance: The Role of Knowledge-based Dynamic Capability ［J］. Management Decision, 2015, 53（1）: 40 - 56.

［201］Prusak L. The knowledge advangtage ［J］. Strategy and Leadership, 1996, 24（2）: 6 - 8.

［202］Peter Hines, Nick Rich , Malaika Hittmeyer. Competing against ignorance: advantage through knowledge ［J］. International Journal of Physical Distribution & Logistics Management, 1998, 28（1）: 18 - 43.

［203］Tayyab Maqsood, Derek Walker, Andrew Finegan. Extending the "knowledgeadvantage": Creating learning chains ［J］. Learning Organization, 2007, 14（2）: 123 - 141.

［204］Violina Ratcheva. The Knowledge of Advantage Virtual Teams-processes Supporting Knowledge Synergy ［J］. Journal of Genneral Management, 2008, 33（3）: 53 - 67.

［205］Graham Durant - Law. The Tacit Knowledge Advantage ［J］. Organizational Dynamics, 2001, 4（29）: 164 - 178.

［206］Eric W. L. Chan, Derek H. T. Walker, Anthony Mills. Using a KM Framework to Evaluate an ERP System Implementation ［J］. Journal of Knowledge Management, 2009, 13（2）: 93 - 109.

[207] Subramaniam Vutha. The Knowledge Advantage [J]. Tata Review, 2010 (1): 62 –65.

[208] Prusak L. The knowledge advantage [J]. Strategy and Leadership, 1996, 24 (2): 6 –8.

[209] Rodriguez – Montes, Jose Antonio. Knowledge identification and management in a surgery department [J]. Journal of International Management, 2001 (7): 1 –29.

[210] Joshi K. D. , Brooks J. Knowledge flows: Knowledge transfer, sharing and exchange in organizations, [C]. Proceedings of the 37th Annual Hawaii International Conference on System Sciences, 2004, 8024.

[211] Wu Shanley. Knowledge stock, exploration, and innovation: Research on the United States electrometrical device industry [J]. Journal of Business Research, 2009 (4): 474 –483.

[212] Li Gao, Nanping Feng. Realization mechanisms based on space for inter-organizational knowledge flow under networked circumstances, [C]. Proceedings of 3rd International Conference on Information Management, Innovation Management and Industrial Engineering (IC Ⅲ 2010), 2010, 506 –510.

[213] Lundvall B. National system of innovation: Towards a theory of innovation and interaction learning [M]. London: Pinter Publications, 1992, 122 – 134.

[214] De Bondt. Spillovers and innovative activities [J]. International journal of industrial organization, 1996 (15): 1 –28.

[215] Cohen, Levintha. Absorptive capacity: a new perspective on learning and innovation [J]. Administrative science quarterly, 1990 (35): 128 – 152.

[216] O'Dell G. , Grayson J. G. If only we knew what we knew: The transfer of internal knowledge and best practice. [M]. New York: The Free Ptess, 1998.

[217] Leander A., Riberio – Neto B., Silva A. A brief survey of Web data extraction tools [J]. SIGMOD Record, 2002, 31 (2): 84 – 93.

[218] Srivastava J, Cooley R, Deshpande M. Web usage mining: Discovery and application of usage patterns from Web data. [J]. ACM SIGKDD Exploration, 2002 (2): 76 – 88.

[219] Ay Barney. Firm resource and sustained competitive advantage [J]. Journal of management, 1991, 17 (1): 99 – 120.

[220] Jay B. Barney. Gaining and sustaining competitive advantage [M]. Addision-wesley Publishing Company, 1997: 134 – 175.

[221] Ikujiro Nonaka. The Knowledge – Creating Company [J]. Harvard Business Review, 1991 (11): 94 – 104.

[222] Ikujiro Nonaka. The Knowledge – Creating Company [J]. Harvard Business Review, 1991 (11): 94 – 104.

[223] Ikujiro Nonaka, RyokoToyama, A kiya Nagata. A firm as a knowledge-creating entity: A new perspective on the theory of the firm [J]. Industrial and Corporate Change, 2000 (2): 1 – 17.

[224] Nonaka I., Toyama R., Konko N. SECI, ba and leadership: unified model of dynamic knowledge creation [J]. Long Range Planning, 2000, 33 (1): 5 – 34.

[225] Collins, Smith. Knowledge exchange and combination the role of human resource practice in the performance of high-technology firms [J]. Academy of Management Journal, 2006 (49): 544 – 560.

[226] I – Chieh Hsu. Knowledge sharing practices as a facilitating facctor for improving oganizational performance through human capital: A preliminary test [J]. Expert System with Applications, 2008, 35 (3): 1316 – 1326.

[227] Cachon G. P. Supply chain coordination with contracts [R]. The Wharton school of business, university of Pennsylvania working paper, 2002.

[228] Bock G., Zmud R. & Kim Y. Behavioral intention formation in

knowledge sharing: Examing the roles of extrinsic motivators, social-psychological forces, and organizational climate [J]. MIS Quarterly, 2005, 29 (1): 87 – 111.

[229] Yong Sauk Hau. The Effects of Individual Motivations and Social Capital on Employees Tacit and Explicit Knowledge Sharing Intentions [J]. International Journal of Information Management: 2013, 33 (2): 356 – 366.

[230] Lange D., et al. Organizational reputation: A review [J]. Journal of Management, 2011, 37 (1): 153 – 184.

[231] Robert J. Barro, David B. Gordon. Rules, discretion and reputation in a model of monetary policy [J]. Journal of Monetary Econmics, 1983 (12): 101 – 121.

[232] Cai G., Kock N. An evolutionary game theoretic perspective on E – collaboration: The collaboration effort and media relative [J]. European Journal of Operational Research, 2009, 194 (3): 821 – 833.

[233] Bock G. W., Zmud R. W. et al. Behavioral intention formation in knowledge sharing examining the roles of extrinsic motivators, social-psychological forces and organizational climate [J]. MIS Quarterly, 2005, 29 (1): 78 – 111.

[234] O'Dell G., Grayson, J. G. If only we knew what we knew: The transfer of internal knowledge and best practice. [M]. New York: The Free Ptess, 1998.

[235] Chiu, Chao – Ming, Eric T. G. Understanding knowledge sharing in virtual communities: An integration of social capital and social cognitive theories [J]. Decision Support Systems, 2006 (6): 1872 – 1888.

[236] Arora A., Fosfuri, A. Wholly owned subsidiary versus technology licensing in the worldwide chemical industry [J]. Journal of International Business Studies, 2000 (31): 555 – 572.

[237] Ikujiro Nonaka. The Knowledge – Creating Company [J]. Harvard Business Review, 1991 (11): 94 – 104.

[238] Mikael Holmqvist. Learning in imaginary organizations: creating interorganizational knowledge [J]. Journal of Organizational Change Management, 1999, 12 (5): 419 – 438.

[239] Jih – Jeng Huang. Knowledge creation in strategic alliances based on an evolutionary perspective: a mathematical representation [J]. Knowledge Management Research & Practice, 2009 (7): 52 – 64.

[240] Ratcheva, V. The knowledge advantage of virtual teams-processes supporting knowledge synergy [J]. Journal of General Management, 2008 (33): 53 – 67.

[241] Liu M. X. The analysis on collaborative knowledge creation in supply chains, Proceeding of the 2006 International Conference on Management of Logistics and Supply Chain, 2006: 115 – 120.

[242] Chuni Wu. Knowledge Creation in a Supply Chain [J]. Supply Chain Management, 2008, 13 (3): 241 – 250.

[243] Hong Jiang-tao, Nie Qing. Game theory analysis on collaboration knowledge creation in supply chain. Proceedings of the 2010 IEEE International Conference on Advanced Management Science, 2010.

[244] Constantin B., et al. The impact of knowledge transfer and complexity on supply chain flexibility: A knowledge-based view [J]. International Journal of Production Economics, 2014 (147): 307 – 316.

[245] Edrisi M. E., et al. Supplychain planningand scheduling integration using Lagrangian decomposition in a knowledge management environment [J]. Computers & Chemical Engineering, 2015 (72): 52 – 67.

[246] Balestrin A., Vargas L. M, Fayard P. Knowledge creation in small-firm network [J]. Journal of Knowledge Management, 2008 (12): 94 – 106.

[247] Krugman. The role of geography in development [J]. International Regional Science Review, 22 (2): 142 – 161.

[248] John. Holland, Emergence from Chaos to Order [M]. Helix Books, 2000.

[249] William · Baumol. The Free Market Innovation Machine: Analyzing the Growth Miracle of Capitalism [M]. Princeton University Press, 2002.

[250] Solow R. Technical Change and Aggregate Production Function [J]. Review of Economics and Statistics, 1957 (8): 312 – 320.

[251] Mansfield E. The Economics Analysis Technical Change [M]. New York: W. W. Norton and Company, 1971.

[252] Qingrui Xu. Building up innovation culture for total innovation management [C]. Engineering Management Conference, 2003: 273 – 278.

[253] Debra Amidon. The Knowledge Agenda [J]. Journal of Knowledge Management, 1997, 1 (1): 27 – 37.

[254] Ikujiro Nonaka. A dynamic theory of organizational knowledge creation [J]. Organization Science, 1994 (5): 14 – 37.

[255] Dorothy Leonard – Barton. Core Capabilities and Core Rigidities. A Paradox in Managing New Product Development [J]. Strategic Management Journal, 1992 (13): 111 – 125.

[256] Tang H. K. An integration mode of innovation in organizations [J]. Technovation, 1998, 18 (5): 297 – 309.

[257] Miles R. E. , Miles G. , Snow C C. Collaborative Entrepreneurship: How communities of networked firms use continuous, innovation to create economic wealth [M]. Stanford, C A. , Stanford University Press, 2005.

[258] Rodriguez – Montes, Jose Antonio. Knowledge identification and management in a surgery department [J]. Journal of International Management, 2001 (7): 1 – 29.

[259] Joshi K. D. , Brooks J. Knowledge flows: knowledge transfer, sharing and exchange in organizations, Proceedings of the 37th Annual Hawaii International Conference on System Sciences, 2004, 8024.

［260］Yang Z. , Wang Q. X. Research on knowledge management mechanism of internal knowledge in multinational corporations ［J］. Management Sciences and Global Strategies in the 21st Century, 2004 (5): 1825 – 1833.

［261］Wu Shanley. Knowledge stock, exploration, and innovation: Research on the United States electrometrical device industry ［J］. Journal of Business Research, 2009 (4): 474 – 483.

［262］Li Gao; Nanping Feng. Realization mechanisms based on space for inter-organizational knowledge flow under networked circumstances, Proceedings of 3rd International Conference on Information Management, Innovation Management and Industrial Engineering (IC Ⅲ 2010) 2010: 506 – 510.

［263］Renguang Zuo, Qiuming Cheng, Frederick P. Agterberg ［J］. Application of a hybrid method combining multilevel fuzzy comprehensive evaluation with asymmetric fuzzy relation analysis to mapping prospectively. Ore Geology Reviews, 2009 (35): 101 – 108.

［264］http: //baike. baidu. com/view/677710. htm.

［265］Bruni D. S. , Verona G. Dynamic marketing capabilities in science-based firms: an exploratory investigation ［J］. British Journal of Management, 2009, 20 (1): 101 – 117.

［266］Wolfgang Tschacher, Hermann Haken. Intentionality in non-equilibrium systems? ［J］. The Functional Aspects of Self-organized Pattern Formation, 2007, 25 (1): 1 – 15.

［267］Anklam P. The Camelot of collaboration ［J］. Knowledge Management Magazine, 2001, 5 (2): 1 – 12.

［268］Robin V. , Rose B. , Girard P. Modeling collaborative knowledge to support engineering design project manager ［J］. Computers in Industry, 2007 (58): 188 – 198.

［269］Nummela N. , Saarenketo S. , Research resources: research collaboration initiative: International growth orientation of knowledge-intensive small firms [J]. Journal of International Entrepreneurship, 2004 (2): 263 – 265.

[270] Miles R. E, Miles G, Snow C. C. Collaborative entrepreneurship: How communities of networked firms use continuous, innovation to create economic wealth [M]. Stanford C. A. , Stanford University Press, 2005.

[271] Baptista R. Geographical Cluster and Innovation Diffusion. Technological Forecasting and Social Change, 2001, 66 (1): 31 – 46.

[272] Bechmann M. Economic Models of Knowledge Networks, Networks in Action [M]. New York Tokyo, 1995.

[273] Freeman C. Nertwork of Innovations: A Synthesis of Research Issues [J]. Research Policy, 1991 (20): 499 – 514.

[274] Rogers M. , Meagher K. Network Density and R&D Spillovers [J]. Journal of Economic Behavior & Organization, 2004 (53): 237 – 260.

[275] Thomas Ritter, Hans Georg Gemunden. Network Competence: Its Impact on Innovation Success and Its Antecedents [J]. Journal of Business Research, 2003 (56): 745 – 755.

[276] Cowan Robin, Nicolas Jonard, Müge Ozman. Knowledge Dynamics in a Network Industry [J]. Technological Forecasting & Social Change, 2004 (7): 469 – 484.

[277] M. Porter. Clusters and the New Economics of Competition [J]. Harvard Business Review, 1998 (6): 77 – 91.

后　　记

　　本书的出版得到了国家社会科学基金"基于生命周期的产学研用协同创新激励机制研究"（15CGL004）、河南省哲学社会科学规划项目"发展分享经济的社会环境与社会问题研究"（2017BJJ073）和郑州轻工业学院博士科研基金项目"知识链知识优势形成路径及稳定性研究"（2014BSJJ092）的资助。

　　本书的出版也得到了我的家人的支持，正是她们对家务的分担使我得以集中精力完成书稿的修改和校订。我还要感谢我的博士生导师顾新老师，是他把我引入了学术的殿堂。最后我要感谢的是郑州轻工业学院经济与管理学院的领导和同事们，和他们在一起工作，我每天都是开心和充实的。